SOMMAIRE

Partie 1
LA SÉLECTION ET LE MÉTIER

Partie 2
PRÉPARER SON DOSSIER

Partie 3
PRÉPARER L'ÉPREUVE ORALE

 # vidéo

Simulations d'entretiens avec le jury

foucherconnect.fr/22admissionas02

Partie 4
LES CONNAISSANCES INDISPENSABLES

MÉMO DU CANDIDAT

 # bonus
Planches anatomiques
foucherconnect.fr/22admissionas10

RÉUSSITE ADMISSION PARAMÉDICAL

AIDE-SOIGNANT
ENTRÉE EN IFAS

Jackie Pillard
Ancien cadre supérieur de santé dans la fonction publique territoriale
Formatrice pour adultes dans le domaine sanitaire et social
Experte en petite enfance

FOUCHER

Les ressources numériques

Au fil des pages, des QR codes à flasher vous renvoient à de nombreuses ressources : presse, documents, vidéos…

Mode d'emploi

foucherconnect.fr

Votre Réussite Concours Foucher s'enrichit de ressources numériques

Lorsque je rencontre un pictogramme ressource au fil des pages :

 # info
Le rapport El Khomri
foucherconnect.fr/ 22admissionas01

Des FLASHCODES permettent aussi d'accéder aux ressources depuis un smartphone

1. Je vais sur **www.foucherconnect.fr**
J'enregistre cette page dans mes favoris pour les prochaines fois.
2. Je saisis **le code de la ressource** indiqué dans le pictogramme.
3. **Je visualise** ma ressource.

ISBN 978-2-216-16801-9

Partie 1
LA SÉLECTION ET LE MÉTIER

1. La revaloristion du métier d'aide-soignant
2. Les conditions de sélection
3. Dix questions pour connaître le métier
4. La formation au métier
5. Définir son projet professionnel
6. Organiser sa préparation

✔ FAITES LE POINT !

1 LA REVALORISATION DU MÉTIER D'AIDE-SOIGNANT

1 Une réforme très attendue

Il aura fallu un peu plus de cinq années pour que la réingénierie du métier d'aide-soignant soit finalement actée en juin 2021. Cette réforme répond à un objectif précis : **renforcer l'attractivité de la profession** et **augmenter les effectifs de professionnels** formés tout au long de l'année pour répondre en continu aux besoins des établissements en demande.

2 Des évolutions importantes

A| Un diplôme de niveau IV

Le diplôme obtenu à l'issue de la formation d'aide-soignant sera un diplôme de niveau IV (baccalauréat) alors qu'il était auparavant de niveau V.

B| De nouveaux référentiels d'activité

Cinq domaines d'activités ont été construits en corrélation avec les **cinq blocs de compétences** du référentiel de certification et correspondent à une ou plusieurs activités. L'aide-soignant exerce toujours sous la responsabilité de l'infirmier(e) diplômé(e) d'État (IDE) et ses activités se situent dans le cadre du rôle propre de l'IDE.

Domaines d'activités	Activités
DA1 – Accompagnement et soins de la personne dans les activités de sa vie quotidienne et de sa vie sociale en repérant les fragilités	1 – Accompagnement et soins de la personne dans les activités de sa vie quotidienne et de sa vie sociale en repérant les fragilités
	2 – Identification des risques lors de l'accompagnement de la personne et mise en œuvre d'actions de prévention adéquates
DA2 – Appréciation de l'état clinique de la personne et mise en œuvre de soins adaptés en collaboration avec l'infirmier en intégrant la qualité et la prévention des risques	3 – Observation de la personne et mesure des paramètres vitaux liés à son état de santé
	4 – Collaboration à la réalisation de soins intégrant la qualité et la prévention des risques
	5 – Installation et aide aux déplacements de la personne à partir de ses ressources et des techniques de manutention
DA3 – Information et accompagnement des personnes et de leur entourage, des professionnels et des apprenants	6 – Accueil, information et communication auprès des personnes et de leur entourage
	7 – Accueil, accompagnement et formation des pairs, des personnes en formation et des autres professionnels
DA4 – Entretien de l'environnement immédiat de la personne et des matériels liés aux activités de soins, au lieu et aux situations d'intervention	8 – Entretien des locaux et des matériels liés aux activités de soins
	9 – Repérage et traitement des anomalies et dysfonctionnements en lien avec l'entretien des locaux et des matériels liés aux activités de soins
DA5 – Transmission, quels que soient l'outil et les modalités de communication, des observations recueillies pour maintenir la continuité des soins et des activités	10 – Transmission quels que soient l'outil et les modalités de communication, des observations recueillies pour maintenir la continuité des soins et des activités
	11 – Organisation de son activité au sein d'une équipe pluriprofessionnelle en garantissant la qualité/gestion des risques

C | De nouveaux référentiels de compétences

Ces cinq blocs de compétences encadrent **11 compétences**.

Blocs de compétences	Compétences
Bloc 1 – Accompagnement et soins de la personne dans les activités de la vie quotidienne et de la vie sociale	1 – Accompagner les personnes dans les actes essentiels de la vie quotidienne et de la vie sociale, personnaliser cet accompagnement à partir de l'évaluation de leur situation personnelle et contextuelle et apporter les réajustements nécessaires
	2 – Identifier les situations à risque lors de l'accompagnement de la personne, mettre en œuvre les actions de prévention adéquates et les évaluer
Bloc 2 – Évaluation de l'état clinique et mise en œuvre de soins adaptés en collaboration	3 – Évaluer l'état clinique d'une personne à tout âge de la vie pour adapter sa prise en soins
	4 – Mettre en œuvre des soins adaptés à l'état clinique de la personne
	5 – Accompagner la personne dans son installation et ses déplacements en mobilisant ses ressources et en utilisant les techniques préventives de mobilisation
Bloc 3 – Information et accompagnement des personnes et de leur entourage, des professionnels et des apprenants	6 – Établir une communication adaptée pour informer et accompagner la personne et son entourage
	7 – Informer et former les pairs, les personnes en formation et les autres professionnels
Bloc 4 – Entretien de l'environnement immédiat de la personne et des matériels liés aux activités en tenant compte du lieu et des situations d'intervention	8 – Utiliser des techniques d'entretien des locaux et du matériel adaptées en prenant en compte la prévention des risques associés
	9 – Repérer et traiter les anomalies et dysfonctionnements en lien avec l'entretien des locaux et des matériels liés aux activités de soins
Bloc 5 – Travail en équipe pluriprofessionnelle et traitement des informations liées aux activités de soins, à la qualité/gestion des risques	10 – Rechercher, traiter et transmettre, quels que soient l'outil et les modalités de communication, les données pertinentes pour assurer la continuité et la traçabilité des soins et des activités
	11 – Organiser son activité, coopérer au sein d'une équipe pluriprofessionnelle et améliorer sa pratique dans le cadre d'une démarche qualité/gestion des risques

Et pour chacune des 11 compétences, il y a un ou plusieurs critères d'évaluation avec son ou ses indicateurs.

D| De nouveaux modules de formation

Dix modules de formation correspondent au référentiel de certification.

Chaque module a ses modalités d'évaluation consultables en flashant ce code :

 # info

Arrêté du 10 juin 2021 relatif à la formation conduisant au diplôme d'État d'aide-soignant

foucherconnect.fr/22admissionas11

2 LES CONDITIONS DE SÉLECTION

Pour rappel, depuis 2020, le concours d'entrée en institut de formation d'aides-soignants (IFAS) est supprimé. L'arrêté du 7 avril 2020 relatif aux modalités d'admission à la formation conduisant au diplôme d'État d'aide-soignant a redéfini les conditions d'accès : la sélection consiste désormais en l'examen d'un dossier complété par un entretien.

1 Les conditions d'accès à la formation

- Aucune condition de diplôme n'est requise pour se présenter à cette sélection.
- Le candidat doit être âgé de 17 ans au moins au 31 décembre de l'année d'entrée en formation, aucune dérogation n'est possible et il n'y a pas de limite d'âge supérieure.

2 En quoi consiste la sélection ?

- Pour être admis à la formation au diplôme d'État d'aide-soignant, les candidats doivent satisfaire à une épreuve qui consiste en un **entretien** avec un jury noté sur 20 points et d'une durée de 15 à 20 minutes.
- Cet entretien s'appuie sur un **dossier** qui doit permettre au jury d'apprécier l'expérience professionnelle du candidat ainsi que ses qualités humaines et relationnelles. Il doit comprendre les pièces suivantes :
  - la copie d'une pièce d'identité ;
  - une lettre de motivation manuscrite ;
  - un *curriculum vitae* ;

- un document manuscrit de 2 pages maximum, relatant, au choix du candidat, soit une situation personnelle ou professionnelle vécue, soit son projet professionnel en lien avec les attendus de la formation ;
- la copie des originaux de ses diplômes ou titres ;
- en l'absence de diplôme, la copie de ses relevés de résultats scolaires et appréciations ou bulletins scolaires des classes de première et terminale ;
- les attestations de travail, accompagnées éventuellement des appréciations et/ou recommandations de l'employeur (ou des employeurs).

• Les candidats peuvent joindre tout autre justificatif valorisant une expérience personnelle (associative, sportive...) en lien avec la profession d'aide-soignant.

3 Inscription

• Chaque candidat s'inscrit dans l'IFAS de son choix et rien n'interdit de s'inscrire dans plusieurs instituts. Depuis l'arrêté du 12 avril 2021 « portant diverses modifications relatives aux conditions d'accès aux formations conduisant aux diplômes d'État d'aide-soignant et d'auxiliaire de puériculture » : aucun frais afférent à la sélection n'est facturé aux candidats.

• Le candidat retire une **fiche d'inscription** et la rapporte dans les délais impartis avec les pièces demandées (un accusé de réception est envoyé le plus souvent par mail). Le candidat est ensuite convoqué par courrier postal à l'épreuve orale.

IMPORTANT

En 2020 et 2021, dans le contexte exceptionnel de mobilisation nationale pour protéger au mieux l'ensemble de la population et éviter les rassemblements et les déplacements propices à la propagation de l'épidémie de covid-19, l'entretien prévu à l'article 2 a été supprimé. La sélection s'est effectuée par le seul examen du dossier. Il est donc essentiel de parfaitement préparer le dossier qui accompagne l'entretien oral au cas où ce cas de figure se représenterait.

4 Admission

IMPORTANT

Un minimum de 10 % des places ouvertes par institut de formation, ou sur l'ensemble des places ouvertes du groupement d'instituts de formation, est proposé aux agents des services hospitaliers qualifiés de la fonction publique hospitalière réunissant au moins 3 ans de fonctions en cette qualité. Leur sélection est organisée par leur employeur et le jury d'admission prononce leur admission au regard des propositions effectuées par les employeurs. Les places non pourvues à l'issue de la sélection sont réattribuées aux autres candidats.

- Le **jury d'admission** se réunit et établit une **liste principale de classement** en fonction du nombre de places ouvertes et une liste complémentaire. En cas d'égalité de points entre 2 candidats, c'est, le plus souvent, le candidat le plus âgé qui est admis.
- Les candidats admis disposent de 7 jours ouvrés suivant l'affichage pour confirmer leur admission. Passé ce délai, ils sont présumés avoir renoncé à leur admission.
- L'**admission définitive** est soumise à la production au plus tard le jour de la rentrée :
  - d'un certificat médical émanant d'un médecin agréé attestant que le candidat n'est atteint d'aucune affection d'ordre physique ou psychologique incompatible avec l'exercice de la profession à laquelle il se destine ;
  - d'un certificat médical attestant que l'élève remplit les obligations d'immunisation et de vaccination prévues le cas échéant par les dispositions du titre Ier du livre Ier de la troisième partie législative du Code de la santé publique.

 # info
Arrêté du 10 juin 2021
foucherconnect.fr/22admissionas11

Les attendus et les critères nationaux retenus pour la formation d'aide-soignant

Attendus	Critères
Intérêt pour le domaine de l'accompagnement et de l'aide à la personne notamment en situation de vulnérabilité	Connaissances dans le domaine sanitaire, médico-social, social ou sociétal
Qualités humaines et capacités relationnelles	- Aptitude à faire preuve d'attention à l'autre, d'écoute et d'ouverture d'esprit - Aptitude à entrer en relation avec une personne et à communiquer - Aptitude à collaborer et à travailler en équipe
Aptitudes en matière d'expression écrite, orale	- Maîtrise du français et du langage écrit et oral - Pratique des outils numériques
Capacités d'analyse et maîtrise des bases de l'arithmétique	- Aptitude à élaborer un raisonnement logique à partir de connaissances et de recherches fiables - Maîtrise des bases de calcul et des unités de mesure
Capacités organisationnelles	Aptitudes d'observation, à s'organiser, à prioriser les activités, autonomie dans le travail

- Les connaissances et aptitudes peuvent être vérifiées dans un cadre scolaire, professionnel, associatif ou autre.

3 DIX QUESTIONS POUR CONNAÎTRE LE MÉTIER

Le métier d'aide-soignant vous attire, mais savez-vous exactement quel est son rôle ? De quoi est fait son quotidien ? Dans quels secteurs d'activité il exerce ? Lors de l'entretien avec le jury, des questions pourront vous être posées pour vérifier votre connaissance de ce métier que vous voulez exercer.

N'hésitez pas à aller rencontrer des professionnels de terrain, posez-leur toutes vos questions et notez leurs réponses ! Interrogez différents professionnels, dans différents lieux d'exercice car rien de tel que les interviews en face à face pour recueillir toutes les informations dont vous aurez besoin pour affiner votre projet.

1 Pouvez-vous me parler de votre diplôme ?

L'aide-soignant fait partie du personnel paramédical. Nous sommes des professionnels de la santé et du social et depuis le nouveau diplôme, notre métier a été réévalué. Le référentiel de compétences nous autorise un certain nombre d'actes de soins supplémentaires comme le recueil de la saturation en oxygène, les prélèvements non stériles, l'évaluation de la douleur et du comportement des patients... C'est motivant !

2 En quoi consiste votre travail ?

L'aide-soignant est le professionnel qui est au plus près du patient car nous nous occupons autant des aspects très pratiques tels que les soins d'hygiène et de confort, qui sont des soins qui touchent à l'intimité de la personne, que des aspects plus relationnels en les écoutant, les rassurant, les réconfortant. Je travaille en équipe sous la responsabilité et en collaboration avec un infirmier. Je peux prendre en charge des adultes bien portants, malades ou handicapés. En fait... en les réconfortant.

3 Avec qui travaillez-vous ?

Je travaille dans une équipe pluriprofessionnelle ; le plus souvent, avec un infirmier et des collègues aides-soignants. Il y a aussi les agents de service hospitalier, les médecins, les kinés, les ambulanciers et parfois les psychologues, les diététiciens.

4 Faut-il des qualités particulières pour exercer ce métier ?

Oui. Il faut être patient et calme, avoir des gestes doux surtout avec les personnes fragilisées.

Il faut avoir un bon sens relationnel, être ouvert, tolérant, empathique... avoir un grand sens des responsabilités, être organisé et rigoureux, notamment sur l'hygiène.

Le sens de l'observation aussi est important pour détecter d'éventuelles difficultés et pouvoir ainsi les transmettre à l'infirmier.

Et enfin, savoir s'adapter et se remettre en question afin de pouvoir travailler en équipe.

5 Qu'aimez-vous plus particulièrement dans votre métier ?

J'aime le contact avec les personnes soignées, pouvoir prendre soin d'elles, les aider et les soutenir dans les actes qu'elles ne peuvent pas réaliser seules.

J'aime également le travail d'équipe : nous travaillons tous dans un même but, pour que le patient se sente mieux, qu'il retrouve son autonomie.

6 Où peut travailler l'aide-soignant ?

Il peut travailler dans de multiples lieux : en secteur hospitalier public (dans tous les services : médecine, chirurgie, urgences, consultations, hospitalisation à domicile) ou en secteur privé (cliniques, soins de suite et de réadaptation – SSR, maison de convalescence...), établissements d'hébergement pour personnes âgées dépendantes (EHPAD), services de soins infirmiers à domicile (SSIAD), etc.

7 Vous travaillez en EHPAD, quelles sont vos missions ?

Je m'occupe des résidents tout au long de la journée, je les aide à faire leur toilette, à prendre leurs repas et collations, je les accompagne et les installe en salle d'activité ; mon travail consiste à restaurer ou maintenir leur autonomie.

Pour les personnes très dépendantes, j'assure leur hygiène, leur élimination, leurs prises de repas en aide totale. Je surveille leurs constantes, j'effectue des soins ou j'aide l'infirmier.

Leur mobilisation demande beaucoup d'attention et parfois l'utilisation de techniques spécifiques et de matériel adapté.

Je suis chargé aussi de l'hygiène de l'environnement du résident. J'assure ensuite les transmissions écrites et orales à mes collègues ; c'est un véritable travail d'équipe.

8 Quelle est l'évolution possible dans cette profession ?

Des formations professionnelles peuvent être proposées tout au long de la carrière.

Les aides-soignants peuvent désormais être admis à la formation au diplôme d'État d'infirmier, en satisfaisant aux épreuves de sélection dans le cadre de la formation professionnelle continue.

De manière générale, le salaire varie selon le secteur d'activité, la convention collective, l'ancienneté et la fonction exercée.

En moyenne, la rémunération mensuelle brute d'un aide-soignant s'échelonne autour de 1 700 euros. Ce salaire peut être de 2 300 euros en fin de carrière.

En juillet 2020, les salaires ont été revalorisés lors du Ségur de la santé.

 # info
Le Ségur de la santé
foucherconnect.fr/22admissionas00

9 Y-a-t-il des contraintes dans ce métier ?

Oui, il exige une grande disponibilité : les horaires de travail s'effectuent par roulement, surtout en milieu hospitalier, où le planning peut tourner sur 8 heures ou sur 12 heures, le jour, la nuit, les week-ends et les jours fériés.

Ensuite, il y a les contraintes physiques par rapport au poids et à la capacité de mobilité des personnes, à la station debout prolongée. D'ailleurs, l'ergonomie est étudiée pendant la formation.

Puis, parfois, le manque de temps ou le manque d'effectif pénalise notre travail : on est moins disponible pour écouter les personnes, leurs plaintes, leurs angoisses.

En dernier lieu, je dirais qu'une des contraintes est d'être confronté aux odeurs, à la souffrance et parfois à la mort.

10 Parlez-moi de votre parcours

Je m'appelle Cindy et j'ai 25 ans.

Après avoir eu mon bac, j'ai voulu être infirmière et j'ai intégré une école de préparation au concours mais, en milieu d'année, j'ai arrêté parce que je voulais entrer tout de suite dans la vie active, je voulais être autonome et gagner de l'argent.

J'ai été embauchée très rapidement dans une maison de retraite comme agent d'entretien. Au bout d'un an, au renouvellement de mon contrat, on m'a proposé un poste de faisant fonction d'aide-soignante ; j'ai accepté. Et pendant 3 ans, peu à peu, j'ai appris à aimer ce métier, cette prise en charge si proche du résident.

J'ai décidé de tenter le concours d'entrée en IFAS, que j'ai réussi. Je suis aide-soignante depuis 2 ans, j'ai travaillé en médecine et en chirurgie.

J'ai envie de connaître tous les aspects de mon métier et, pourquoi pas, dans quelques années, tenter le concours d'entrée pour devenir infirmière.

À SAVOIR

- Le rapport El Khomri, rendu public en octobre 2019, a mis en évidence 3 constats majeurs :
  – les salaires des AS et plus encore ceux des intervenants à domicile sont particulièrement faibles avec peu de perspective de carrière ;
  – les taux d'accidents du travail sont trois fois supérieurs à la moyenne nationale ;
  – le recrutement présente de grandes difficultés.
- Sur les 59 mesures proposées, on peut retenir celles-ci :
  – supprimer le concours d'entrée à l'école d'aides-soignants et rendre la formation gratuite pour attirer davantage de candidats (- 25 % en 6 ans) ;
  – augmenter la rémunération et les conditions d'emploi des aides-soignants ;
  – rendre le métier plus attractif et moins dévalorisé :
    • permettre un exercice plus autonome en régulant les glissements de de tâches entre les infirmiers et les aides-soignants ;
    • expérimenter la mise en place d'une activité libérale dans les zones sous-denses ;
  – entre 2020 et 2024 :
    • créer 93 000 postes supplémentaires, pour répondre au vieillissement démographique (accroissement de 100 millions de personnes en perte d'autonomie) ;
    • former 260 000 professionnels pour pallier les postes vacants.

 # info
Le rapport El Khomri
foucherconnect.fr/22admissionas01

4 LA FORMATION AU MÉTIER

L'enseignement s'effectue dans un IFAS (institut de formation des aides-soignants). À l'issue de la formation, l'aide-soignant doit être en mesure « de dispenser des soins de prévention, de maintien, de relation et d'éducation à la santé pour préserver et restaurer la continuité de la vie, le bien-être et l'autonomie de la personne ».

1 Le programme de la formation

Il est commun à tous les instituts de formation d'aides-soignants.

La formation est accessible à partir de 17 ans. Il n'y a pas d'âge maximal sauf pour l'apprentissage, où l'élève doit avoir 25 ans au plus à la date d'entrée en formation.

IMPORTANT Un nouveau référentiel de formation a été mis en place à la rentrée 2021 dans le cadre de la réingéniérie des diplômes aide-soignant et auxiliaire de puériculture.

#info Arrêté du 10 juin 2021

foucherconnect.fr/22admissionas11

2 La durée des études

Selon le nouveau référentiel en vigueur à la rentrée 2021, la formation conduisant au diplôme d'État d'aide-soignant (DEAS) est plus longue (2 modules théoriques de plus) et comprend moins de stages (4 au lieu de 6 précédemment). Elle se déroule sur 12 mois au lieu de 10 et s'appuie sur 3 modalités d'intervention :

- accompagnement pédagogique individualisé (API) : 35 heures (dans les trois premiers mois de la formation) ;
- suivi pédagogique individualisé des apprenants : 7 heures (réparties tout au long de la formation) ;
- travaux personnels guidés (TPG) : 35 heures (réparties au sein des différents modules).

3 L'organisation de la formation

D'une durée totale de 44 semaines, soit 1 540 heures, elle est répartie ainsi :
- en institut : 770 heures d'enseignement théorique = 22 semaines ;
- en stages cliniques : 770 heures en milieu hospitalier et extra hospitalier = 22 semaines.

Toutes les semaines sont calculées sur une base de 35 heures. La formation peut être suivie de façon continue ou discontinue sur une période maximale de 2 ans (sauf pour les élèves en contrat d'apprentissage qui se forment sur 18 mois).

La participation à l'ensemble des enseignements est obligatoire.

La rentrée s'effectue, selon les instituts de formation, soit la première semaine de janvier, soit la première semaine de septembre.

Durant la formation, les élèves bénéficient de congés :
- 3 semaines pour les élèves débutant leur scolarité en septembre ;
- 4 semaines pour les élèves débutant leur scolarité entre janvier et mars.

4 Le contenu de la formation

L'enseignement en institut comprend **10 modules de formation** (versus 8 dans le référentiel de 2005) organisés autour de **5 blocs de compétences**. Ces compétences réglementaires correspondent à celles qui sont attendues dans le cadre des certifications professionnelles (RNCP) garantissant les compétences, les aptitudes et les connaissances nécessaires à l'exercice des métiers :

- **Bloc 1** : Accompagnement et soins de la personne dans les activités de sa vie quotidienne et de sa vie sociale
    - **Module 1**. Accompagnement d'une personne dans les activités de sa vie quotidienne et de sa vie sociale (147 heures)
    - **Module 2**. Repérage et prévention des situations à risque (21 heures)
- **Bloc 2** : Évaluation de l'état clinique et mise en œuvre de soins adaptés en collaboration
    - **Module 3**. Évaluation de l'état clinique d'une personne (77 heures)
    - **Module 4**. Mise en œuvre des soins adaptés, évaluation et réajustement (182 heures)
    - **Module 5**. Accompagnement de la mobilité de la personne aidée (35 heures)
- **Bloc 3** : Information et accompagnement des personnes et de leur entourage, des professionnels et des apprenants
    - **Module 6**. Relation et communication avec les personnes et leur entourage (70 heures)
    - **Module 7**. Accompagnement des personnes en formation et communication avec les pairs (21 heures)

- **Bloc 4** : Entretien de l'environnement immédiat de la personne et des matériels liés aux activités en tenant compte du lieu et des situations d'intervention
  - **Module 8**. Entretien des locaux et des matériels et prévention des risques associés (35 heures)
- **Bloc 5** : Travail en équipe pluriprofessionnelle et traitement des informations liées aux activités de soins, à la qualité/gestion des risques
  - **Module 9**. Traitement des informations (35 heures)
  - **Module 10**. Travail en équipe pluriprofessionnelle, qualité et gestion des risques (70 heures)

IMPORTANT

Cette réingénierie fait évoluer les compétences des aides-soignants afin qu'ils puissent répondre aux besoins de la population vieillissante en assurant une meilleure prise en charge des personnes âgées et de leurs pathologies. Un moyen également de valoriser la profession et de rendre le métier attractif, comme annoncé lors du Ségur de la santé. Trois missions visant à refléter la spécificité du métier sont définies dans le texte : accompagner la personne dans les activités de sa vie quotidienne et sociale dans le respect de son projet de vie, collaborer au projet de soins personnalisé dans son champ de compétences, et contribuer à la prévention des risques et au raisonnement clinique interprofessionnel.

Le cursus comporte 4 périodes de stages à réaliser dans des structures sanitaires, sociales ou médicosociales : en service de court séjour : médecine et chirurgie ; en service de moyen ou long séjour : personnes âgées ou handicapées ; en service de santé mentale ou service de psychiatrie ; en secteur extrahospitalier. Un dispositif d'accompagnement est mis en place à travers 3 axes : un accompagnement pédagogique individualisé (API) de 35 h, un suivi individualisé de 7h, des travaux personnels guidés (TPG) de 35 h.

5 Les caractéristiques de la formation

Cette formation est une formation professionnelle car elle prépare à un métier.

Elle est organisée selon une alternance théorie-pratique sur les deux lieux de formation que sont l'institut et le terrain de stage ; les étudiants doivent apprivoiser les deux milieux, celui de l'école et celui de la vie professionnelle et doivent gérer à la fois les difficultés et les bénéfices de l'un et de l'autre.

A| Les enseignements théoriques

Ils sont dispensés par des formateurs (infirmiers, puériculteurs, cadres de santé) sous forme de cours magistraux, de travaux dirigés, de travaux de groupe et de séances d'apprentissages pratiques et gestuels.

B| Les stages

Ils constituent le temps d'apprentissage de la pratique professionnelle ; ils s'effectuent dans le secteur hospitalier et extrahospitalier au sein de structures bénéficiant d'un encadrement assuré par des professionnels diplômés (aides-soignants, infirmiers) qui préparent progressivement l'étudiant à l'exercice de sa fonction.

Durant le stage, l'étudiant effectue 35 heures hebdomadaires de travail, il est intégré dans les roulements et peut travailler aussi bien de jour que de nuit.

3 stages de 5 semaines visent à explorer les 3 missions suivantes de l'aide-soignant :

- **1.** Accompagner la personne dans les activités de sa vie quotidienne et sociale dans le respect de son projet de vie ;
- **2.** Collaborer aux projets de soins personnalisés dans son champ de compétences ;
- **3.** Contribuer à la prévention des risques et au raisonnement clinique interprofessionnel dans différents contextes comme la prise en soins d'une personne dont l'état de santé altéré est en phase aigüe et la prise en soins d'une personne dont l'état de santé altéré est stabilisé.

Un stage de 7 semaines, réalisé en fin de formation, permet l'exploration ou la consolidation du projet professionnel et le renforcement des compétences de l'apprenant afin de valider l'ensemble des blocs de compétences. Il doit être réalisé en continu et ne peut être fractionné.

IMPORTANT

Les stages durant la formation ne sont pas rémunérés ; chaque stage est encadré par une convention signée par l'organisme de formation, l'établissement d'accueil et l'étudiant qui bénéficie d'une assurance et d'une protection en cas d'accident.
De plus, au cours du stage, un tuteur de l'organisme de formation vient rendre visite à l'élève, pour faire le point avec l'étudiant et son référent.

6 Les allègements de formation

Huit diplômes donnent la possibilité d'être dispensés de tout ou partie de certains modules de formations :

- 1. Le diplôme d'État d'auxiliaire de puériculture ;
- 2. Le diplôme d'assistant de régulation médicale ;
- 3. Le diplôme d'État d'ambulancier ;
- 4. Le baccalauréat professionnel Services aux personnes et aux territoires (SAPAT) ;
- 5. Le baccalauréat professionnel Accompagnement, soins et services à la personne (ASSP) ;
- 6. Les diplômes ou certificats mentionnés aux articles D. 451-88 et D. 451-92 du Code de l'action sociale et des familles ;

- 7. Le titre professionnel d'assistant de vie aux familles ;
- 8. Le titre professionnel d'agent de service médico-social.

 # info
Arrêté du 10 juin 2021
foucherconnect.fr/22admissionas11

7 La formation en apprentissage

A| Le principe

Elle se déroule sur 18 mois maximum. L'étudiant partage son temps de formation entre son lieu de travail (en tant qu'apprenti ou stagiaire), ses lieux de stage et l'institut de formation. La formation est strictement la même que pour les autres étudiants, sauf qu'aux 22 semaines de formation et 22 semaines de stage clinique s'ajoutent des semaines de travail en entreprise.

B| Les conditions

- L'étudiant doit chercher un employeur et signer avec lui un contrat d'apprentissage. Il aura alors un statut de salarié.
- Le contrat est accordé par l'établissement formateur en contrepartie d'un engagement de servir dans celui-ci-après l'obtention du diplôme d'État pour une période égale à la période d'apprentissage.

8 Les modalités d'évaluation

Les évaluations jouent un rôle essentiel dans la dynamique enseignement-apprentissage et les critères d'évaluation sont définis au regard des objectifs de formation.

A| L'enseignement

Chaque bloc de compétences possède ses propres modalités d'évaluation :

- **Bloc 1** - Accompagnement et soins de la personne dans les activités de sa vie quotidienne et de sa vie sociale :
  - étude de situation ;
  - évaluation des compétences en milieu professionnel.
- **Bloc 2** - Évaluation de l'état clinique et mise en œuvre de soins adaptés en collaboration :
  - étude de situation en lien avec les modules 3 et 4 ;
  - évaluation comportant une pratique simulée en lien avec le module 5 ;
  - évaluation des compétences en milieu professionnel ;
  - attestation de formation aux gestes et soins d'urgence de niveau 2.

- **Bloc 3** - Information et accompagnement des personnes et de leur entourage, des professionnels et des apprenants :
  - étude de situations relationnelles pouvant comporter une pratique simulée ;
  - évaluation des compétences en milieu professionnel.
- **Bloc 4** - Entretien de l'environnement immédiat de la personne et des matériels liés aux activités en tenant compte du lieu et des situations d'intervention :
  - évaluation à partir d'une situation d'hygiène identifiée en milieu professionnel ;
  - évaluation des compétences en milieu professionnel.
- **Bloc 5** - Travail en équipe pluri-professionnelle et traitement des informations liées aux activités de soins, à la qualité/gestion des risques :
  - étude de situation pouvant comporter une pratique simulée ;
  - évaluation des compétences en milieu professionnel.

B| Les stages

Lors de chaque stage, les responsables du terrain de stage évaluent le niveau d'acquisition de l'élève pour chacune des unités de compétences décrites sur un support d'évaluation donné. Au terme des stages, l'équipe pédagogique réalise le bilan des acquisitions de l'étudiant en établissant le total obtenu à chaque unité de compétence. Chaque compétence est validée si l'étudiant obtient une note au moins égale à la moyenne pour chacune d'elles.

9 L'obtention du diplôme

Pour valider l'année de formation et obtenir le DEAS, il est nécessaire d'avoir validé l'ensemble des compétences liées à l'exercice du métier en obtenant une note globale au moins égale à la moyenne, que ce soit en théorie, en stage et en pratique.

10 Le coût de la formation

La formation est payante et peut être prise en charge, sous certaines conditions, par le conseil régional.

En **formation complète**, elle coûte environ **5 000 euros** ; en **cursus partiel**, le coût **varie** en fonction du nombre de modules à valider.

Le salarié peut faire une demande de financement à son employeur ou mobiliser son compte personnel de formation (ancien DIF). Pôle emploi, la mission locale, le Fongecif peuvent également aider au financement de la formation.

IMPORTANT

Il est essentiel d'anticiper les possibilités de financement et de calculer le budget qui sera nécessaire car aux frais d'inscription s'ajoutent des frais d'hébergement, de restauration, de livres, de tenues professionnelles, de transport…

5 DÉFINIR SON PROJET PROFESSIONNEL

Maintenant que vous avez compris ce qu'est le métier d'aide-soignant et comment se déroule la formation, vous devez déterminer si ce métier est bien celui que vous voulez exercer et pour quelles raisons.

L'épreuve orale du concours comprend un temps où vous allez devoir exposer vos motivations. Il faut donc les travailler en amont.

1 Qu'est-ce qui est à l'origine de mon projet ?

A| Se poser les bonnes questions

Posez-vous des questions sur votre motivation :

- Est-ce un domaine qui vous passionne depuis que vous êtes enfant ?
- Est-ce un choix lié à vos centres d'intérêts ?
- Y-a-t-il eu un élément déclencheur ?

Peut-être avez-vous été guidé par des amis ou des proches qui vous ont parlé de ce domaine d'étude et ses débouchés, et cela vous a plu.

B| Identifier ses motivations

Les raisons de vos motivations peuvent être nombreuses. Il faut juste savoir les identifier. Voici quelques pistes pour vous aider : une de ces 3 situations vous correspond peut-être.

» **Vous savez à partir de quel moment, de quel événement vous avez décidé que vous seriez aide-soignant.**

Il faut savoir qu'il n'existe pas de bonne ou de mauvaise raison ; il faut juste être capable de l'expliquer devant un jury sans se laisser envahir par l'émotion :

- si la raison est beaucoup trop personnelle ou douloureuse, il vaut mieux ne pas en parler précisément. Le jury évalue également chez le candidat sa capacité à maîtriser ses émotions ;
- si c'est à la suite d'une discussion avec un aide-soignant, du visionnage d'un documentaire ou d'un film, il faut être précis et savoir définir exactement ce qui vous a attiré vers ce métier et pour quelles raisons.

» **Vous avez un parent proche, un ami qui exerce ce métier et qui vous en parle depuis longtemps et vous avez toujours voulu faire comme lui.**

ATTENTION
Il faut vraiment être convaincant car on ne choisit pas un métier comme celui-là par mimétisme. Vous allez devoir chercher vos propres motivations.

» **Vous l'avez toujours su, c'est une évidence mais vous ne retrouvez pas le fait, le moment précis qui a déclenché cette volonté d'être aide-soignant. Définissez alors ce qui vous attire dans ce métier : le côté relationnel, les soins, la technicité, le milieu hospitalier…**

Vous pouvez vous servir de toutes les informations que vous avez recueillies dans les fiches précédentes sur le métier et la formation afin d'étayer vos propos.

2 Qu'est-ce qui m'attire dans ce métier ?

Il faut que vous soyez capable de définir et d'expliquer ce qui vous attire dans ce métier et vous pousse à passer le concours :

- la formation : est-ce l'alternance entre stages et théorie, la durée des études, la diversité des contenus, le fait de côtoyer l'univers hospitalier… ?
- le métier : est-ce le côté relationnel, le travail en équipe, le prendre soin, l'aide apportée aux autres, la possibilité des différents lieux d'exercice… ?

CONSEIL
Réfléchissez bien à vos réponses : il faut que le jury perçoive réellement ce que vous ressentez. Ne cherchez pas à mettre en avant des motivations que vous n'avez pas, le jury s'en apercevrait.
Soyez sincère et montrez que vous êtes intéressé par la formation et le métier.

3 Dans quel secteur d'activité ai-je envie de travailler ?

Avez-vous déjà réfléchi à ce que vous aimeriez : travailler avec les jeunes adultes, les personnes handicapées, les personnes âgées ?

Avez-vous déjà un souhait ou vous donnez-vous le temps de la formation pour découvrir toutes les facettes du métier ?

CONSEIL

Ne vous lancez pas dans de grandes explications théoriques mais soyez précis. Il est inutile de nier les difficultés, les contraintes et la pénibilité du travail : l'ensemble des propos doit être réaliste et cohérent.

TÉMOIGNAGE

Paroles de candidats

Laura, 25 ans

« J'aime le fait que ce métier offre une grande diversité de choix professionnels : on peut travailler dans tous les secteurs médicaux, à l'hôpital ou en privé (bien que je sois plus intéressée par l'hôpital). »

Paul, 30 ans

« C'est un métier passionnant où la technique côtoie le relationnel. Notre rôle est essentiel : nous sommes directement auprès des patients et nos observations sont primordiales pour leur prise en charge. Le travail en étroite collaboration avec les infirmiers est aussi très enrichissant. »

Luc, 30 ans

« Je n'ai pas de projet bien défini : j'attends de voir durant les stages pour me forger une idée concrète de ce que pourrait être le métier dans tel ou tel service. Néanmoins, j'ai un penchant naturel pour la psychiatrie, et la gérontologie. »

Line, 33 ans

« Je connais bien la profession puisque cela fait plus de 10 ans que je suis agente d'entretien dans une clinique. J'ai envie d'évoluer dans ma carrière professionnelle, d'avoir plus de responsabilités, ça me semble plus valorisant. Les responsabilités sont de plus en plus importantes et il faut être très rigoureuse et très vigilante. Je suis consciente que les stages vont m'apporter beaucoup et pourront m'éclairer quant à mon avenir professionnel. »

6 ORGANISER SA PRÉPARATION

Vous allez présenter un examen qui n'a pas encore été organisé car, en 2020 et en 2021, l'entretien a été annulé à cause de la crise sanitaire liée au Covid-19 et seul le dossier a été pris en compte. Il n'existe donc aucune annale ni aucune information pour savoir si, lors de l'entretien, le jury pourra vous poser des questions de connaissances ou d'actualité dans le domaine sanitaire et social. Dans le doute, nous allons vous aider à acquérir ou à revoir ces différentes notions.

1 Identifiez le travail qui vous attend

Mobilisez vos connaissances sur les grands thèmes sanitaires et sociaux en construisant des fiches que vous réviserez dans un second temps.

2 Mobilisez vos connaissances et vos savoirs

Élargir sa culture générale et s'intéresser à l'actualité sanitaire et sociale permet de collecter une somme d'informations qui pourra vous servir lors de l'entretien avec le jury.

A| Recherchez l'information

1| Internet

Véritable mine de renseignements, Internet peut toutefois rassembler le pire comme le meilleur ! Il faut donc **faire preuve de vigilance sur la pertinence des**

sites visités. L'intérêt est de pouvoir copier des liens et/ou des pages et y revenir ensuite facilement.

Quelques liens sont à privilégier pour vos recherches dans les domaines sanitaires et sociaux : www.sante.gouv.fr, www.anrs.fr, www.sida-info-service.org, www.fondationdefrance.org, www.drees.sante.gouv.fr, www.ivns.sante.fr, www.vie-publique.fr, www.planning-familial.org, www.developpement-durable.gouv.fr, www.social-sante.gouv.fr, www.education.gouv.fr.

2 | La télévision et la radio

Les débats, les émissions médicales, certaines interviews et les journaux télévisés peuvent apporter une **information récente et de qualité**. Certaines émissions de radio relaient des **témoignages** intéressants, notamment lorsqu'il s'agit d'auditeurs faisant part de leurs questionnements.

3 | Les magazines spécialisés et les journaux

Ils traitent pour la plupart de sujets d'actualité et sont parfois constitués de dossiers sur des thèmes bien précis. Les brochures en libre consultation chez les médecins ou dans les pharmacies sont également de bonnes sources d'information sur des sujets précis.

IMPORTANT

Certains IFAS demandent aux candidats d'avoir aussi des connaissances en anatomie.

 # bonus
Planches anatomiques
foucherconnect.fr/22admissionas10

B | Élaborez des fiches thématiques

1 | Identifiez les thèmes

Trois grandes thématiques sont à travailler en priorité : les **grands thèmes sanitaires**, les **grands thèmes sociaux** et les **thèmes d'actualité sanitaire et sociale**. Voici quelques exemples de thèmes appartenant à ces grandes thématiques. Vous pouvez bien sûr en trouver d'autres, notamment sur l'actualité.

- **Les thèmes à dominante sanitaire** : le cancer, le sida, les infections associées aux soins (anciennement appelées nosocomiales), l'hygiène, la tuberculose, le diabète, la maladie d'Alzheimer, les accidents vasculaires cérébraux (AVC), l'acharnement thérapeutique, le handicap, l'alcoolisme, le tabagisme, les toxicomanies, l'avortement, le tatouage et les piercings chez les jeunes…
- **Les thèmes à dominante sociale** : le chômage, la pollution, l'éducation et la scolarisation, la délinquance, l'illettrisme, la discrimination, les violences faites aux femmes, la maltraitance, la parité hommes-femmes, le suicide chez les jeunes, la violence chez les jeunes…

- **Les thèmes d'actualité** : la théorie du genre, l'homoparentalité, le vieillissement de la population, l'immigration, l'assistance médicale à la procréation (AMP), l'épuisement au travail, la crise sanitaire liée au Covid-19...

2 | Préparez les fiches

Une fois ces grands thèmes identifiés, il convient de réaliser une **fiche par thème** en synthétisant les informations trouvées. Utilisez de préférence une **fiche cartonnée** sur laquelle vous écrirez :

- le titre du thème en gros ;
- la définition ;
- les caractéristiques (facteurs de risques, conséquences, effets et risques...) ;
- les dates importantes ou les chiffres récents dans un tableau pour plus de lisibilité (croisez les infos, surtout les dates et les statistiques, en vérifiant sur différentes sources) ;
- l'actualité la plus récente ou l'émission de télé ou de radio qui s'y rattache ;
- la législation ;
- les moyens de prévention, les solutions ou les perspectives.

IMPORTANT

Notez toujours la **source d'information** ainsi que les autres fiches qui peuvent avoir un lien avec celle-ci. Vos fiches doivent être très synthétiques. C'est en les élaborant que vous retiendrez le plus d'informations.

MÉTHODE

Pour chaque thème, interrogez-vous : avez-vous un avis personnel sur la question ? Quel que soit le sujet, il y a toujours des arguments pour et des arguments contre. Même s'ils sont à l'opposé de vos valeurs, montrez que vous gardez l'esprit ouvert et critique. Interrogez-vous !

3 Identifiez le temps dont vous disposez

- Vous allez devoir planifier votre préparation en fonction du temps qui vous sépare de l'examen et du temps dont vous disposez dans la semaine. Choisissez des créneaux de travail réalisables, pendant lesquels vous êtes sûr de pouvoir vous dégager du temps.
- Cherchez aussi le lieu où vous allez pouvoir travailler sans être dérangé. Si vous avez des enfants à la maison, il peut être intéressant d'aller travailler dans une bibliothèque ; dans tous les cas, trouvez le moyen de vous isoler de tout ce qui peut vous distraire.

ATTENTION
Ne laissez pas passer la date de renvoi de votre dossier, notez-la en rouge sur votre agenda.

4 Planifiez vos révisions

- Établissez un rétroplanning à partir du jour précédant l'examen jusqu'au jour où vous allez commencer à réviser.
- Notez-y d'abord toutes les périodes de travail que vous avez identifiées.
- Pensez à garder une journée ou une demi-journée pour l'intendance de votre maison/famille et à faire des pauses si vous révisez tous les jours pendant une période donnée.
- Établissez ensuite votre emploi du temps en notant pour chaque créneau de révisions le contenu de ce que vous allez étudier.
- Si vous travaillez des journées entières, mettez tout le travail de réflexion plutôt le matin et le travail de recherche ou de révisions l'après-midi.

5 Tenez-vous à l'organisation que vous avez décidée

- Prévenez votre famille et vos amis ! Écrivez-le, affichez-le à la vue de tous !
- Mettez votre téléphone en mode avion, et non sur vibreur, c'est si tentant de jeter un coup d'œil à un message reçu, à une alarme qui vibre !
- Si vous le pouvez, quittez votre domicile, allez dans une bibliothèque : vous ne serez pas parasité par tout votre environnement et les contraintes qui peuvent exister.

6 Faites des points réguliers

- Pour savoir où vous en êtes et si le planning choisi est cohérent. N'hésitez pas à le modifier en fonction de vos avancées ou de votre retard.
- N'attendez pas pour identifier ce qui vous gêne ou vous empêche de travailler. Changez de méthode de travail si vous ne vous sentez pas efficace.
- Si vous ne retenez pas suffisamment en lisant, essayez d'apprendre à haute voix. Il faut que vous trouviez votre propre méthode de révision.

7 Motivez-vous

- Mettez-vous dans une tenue confortable, prévoyez du thé, du café, une bouteille d'eau. Faites-en un moment agréable, un moment pour vous.
- Même si c'est fastidieux et que cela vous demande beaucoup d'effort, dites-vous que vous travaillez pour vous, pour atteindre votre objectif, pour évoluer professionnellement et personnellement et qu'au bout se trouve la réussite !

8 Ne vous malmenez pas

- Autorisez-vous des pauses dans la journée ou la demi-journée et gardez toujours un temps pour vous dans la semaine.
- Ne forcez pas. Quand vous avez l'impression de ne plus rien arriver à apprendre, allez faire un tour, aérez votre esprit.
- L'hygiène de vie a une grande importance sur les performances cérébrales, ne l'oubliez pas :
  - dormez suffisamment pour aider votre cerveau à mémoriser ;
  - mangez équilibré et à des heures régulières, évitez les excitants ;
  - et si vous avez l'habitude de faire du sport, ne l'arrêtez pas complètement.

9 Quelques conseils pour réussir

Vous devez vous préparer mentalement et physiquement.

A| Avant l'entretien

- Les jours qui précèdent l'entretien, réglez bien votre horloge biologique sur l'heure de votre convocation.
- Pensez également à ranger votre convocation et votre pièce d'identité.
- Mettez une petite bouteille d'eau et un paquet de mouchoirs dans votre sac.
- Repérez le lieu d'examen, votre trajet, estimez votre temps de transport et calculez l'heure de départ de chez vous (les retardataires sont refusés).

B| La veille de l'entretien

- Préparez votre sac avec tout ce dont vous aurez besoin.
- Ne faites pas de dernières révisions, changez-vous les idées avec un bon film par exemple. Il faut laisser votre cerveau se reposer !

- Ne vous couchez pas trop tard !
- Ne stressez pas inutilement : il est normal de douter, d'avoir peur de ne pas gérer le temps, d'avoir l'impression que tout se mélange, que vous ne savez plus rien ! Vous avez travaillé et révisé et donc accumulé des connaissances. Vous vous êtes bien préparé, il n'y a pas de raison que vous échouiez.
- NE VOUS SOUS-ESTIMEZ PAS !

C| Le matin de l'entretien

- Prenez un petit-déjeuner, vous aurez besoin de force et d'endurance. Si rien ne passe, emportez une banane ou une barre de céréales avec vous.
- Partez suffisamment tôt pour arriver à l'heure, voire un peu en avance : vous aurez le temps de repérer les différentes salles, d'aller aux toilettes si besoin.
- Mettez votre portable en mode avion : il n'y a rien de plus dérangeant pour le jury qu'un portable qui vibre ou sonne pendant l'entretien.

FAITES LE POINT !

Essayez de répondre sans regarder les fiches. Plusieurs réponses sont possibles.

Exercice 1 La sélection

1. Combien y a-t-il d'épreuves ?

❏ A. 2
❏ B. 1
❏ C. 4

2. Quelles sont les conditions pour présenter la sélection ?

❏ A. Avoir travaillé et cotisé au moins 3 ans
❏ B. Être âgé de moins de 50 ans
❏ C. Avoir au moins 17 ans

3. En quoi consiste la sélection ?

❏ A. Une épreuve écrite de type QCM et un entretien oral
❏ B. Une épreuve écrite et une épreuve collective
❏ C. Un entretien oral

4. Des connaissances numériques sont indispensables pour cet examen.

❏ A. Vrai
❏ B. Faux

Exercice 2 La formation

1. Les études d'aide-soignant durent 1 an.

❏ A. Vrai
❏ B. Faux

2. Vous pouvez citer 4 des 10 modules.

❏ A. Oui
❏ B. Non

3. Les stages sont au nombre de :

❏ A. 2
❏ B. 4
❏ C. 6

4. Les stages sont laissés au choix de l'étudiant.

❑ A. Vrai
❑ B. Faux

5. L'ergonomie est étudiée pendant la formation.

❑ A. Vrai
❑ B. Faux

Exercice 3 Le métier

1. L'aide-soignant peut travailler où il veut dès l'obtention de son diplôme.

❑ A. Vrai
❑ B. Faux

2. L'aide-soignant travaille sous la responsabilité de l'infirmier.

❑ A. Vrai
❑ B. Faux

3. Quelles sont les conditions de travail du métier d'aide-soignant ?

❑ A. Le travail se fait en équipe pluridisciplinaire
❑ B. Les horaires de travail sont souples
❑ C. Il y a des contraintes physiques

CORRIGÉS

Exercice 1 La sélection

1. B ; 2. C ; 3. C ; 4. B

Exercice 2 La formation

1. A et 18 mois pour ceux qui sont en apprentissage ; 2. Il est impératif que vous connaissiez les 10 modules et leur contenu ; 3. B ; 4. B ; 5. A

Exercice 3 Le métier

1. A ; 2. A ; 3. A et C

Partie 2
PRÉPARER SON DOSSIER

1 LES ÉLÉMENTS DU DOSSIER

Vous avez retiré dans l'IFAS de votre choix ou téléchargé sur son site internet la fiche d'inscription dans laquelle seront indiquées toutes les formalités à accomplir ainsi que les dates des épreuves orales. Lisez bien la notice d'information qui l'accompagne : vous devrez renvoyer votre dossier avant une date limite.

Ce dossier doit être préparé avec beaucoup de soin : le jury doit pouvoir évaluer votre projet professionnel, vos motivations ainsi que vos capacités à valoriser votre expérience professionnelle.

1 Les éléments

L'examen de votre dossier sera fait à partir de ces différents éléments qui doivent être, si c'est précisé, nommés et classés dans l'ordre.

A| La fiche d'inscription

- La fiche doit être **remplie et signée**. Vous devez noter si vous acceptez ou non la publication de votre nom sur les listes informatiques, fournir une photo.
- Dans certains IFAS, vous devez remplir une fiche renseignant vos **modalités de financement** : prise en charge par votre employeur, si vous avez déjà effectué des démarches auprès d'un organisme paritaire collecteur agréé tel que Fongecif, OPCA ou ANFH ou bien si vous envisagez un financement personnel.

À SAVOIR

➲ Il existe **différents dispositifs d'aides financières** :
- le **projet de transition professionnelle**, ouvert aux salariés du privé, permet de maintenir tout ou partie de son salaire sur une durée donnée ;
- le **congé de formation professionnelle**, accessible aux personnes ayant travaillé dans la fonction publique hospitalière, ouvre droit à une indemnité mensuelle.

B| La photocopie d'une pièce d'identité

- La photocopie doit être **recto verso** et, suivant l'IFAS, être datée, signée et comporter la mention « J'atteste la conformité à l'original de la présente copie ».
- Sont considérées comme pièces d'identité : le passeport, la carte nationale d'identité (CNI) et le permis de conduire. Ils doivent avoir votre photographie et être en cours de validité.

IMPORTANT

- Depuis le 1er janvier 2014, la CNI est valide 15 ans.
- En cas de perte ou de vol, vous pouvez présenter le récépissé de la déclaration.

- Pour les **ressortissants étrangers**, il peut être toléré un titre de séjour valide qui devra être renouvelé pendant la formation si besoin. Renseignez-vous lorsque vous retirez votre dossier.

C| Le(s) diplôme(s) ou titres obtenu(s)

Faites une photocopie de vos diplômes et titres, notamment ceux qui peuvent vous permettre d'entrer en cursus partiel.

D| Les résultats scolaires

Le jury doit pouvoir apprécier votre niveau scolaire en l'absence de diplôme. Il faudra donc préparer les photocopies des bulletins et appréciations des classes de première et de terminale.

E| Les certificats d'employeurs

Il s'agit de toutes les attestations de travail délivrés par votre (vos) employeur(s), appréciations éventuelles ou recommandations personnalisées.

F| Les autres justificatifs

Tout document pouvant apporter un plus à votre candidature : une expérience ou un engagement associatif ou sportif qui pourra accentuer ou mettre en valeur vos qualités humaines et/ou relationnelles.

G| Un CV, une lettre de motivation et un document manuscrit de 2 pages

Voir les fiches 2, 3 et 4 de cette partie.

2 L'envoi du dossier

- L'inscription ne sera effective que si le dossier est complet (tout dossier incomplet sera renvoyé).
- Le dépôt du dossier peut être exigé par voie numérique sous format PDF à l'adresse de l'IFAS ; sinon ce sera soit directement dans la boîte aux lettres, soit par envoi postal, le cachet de la Poste faisant foi (il est conseillé un envoi en recommandé avec accusé de réception).
- Si vous n'avez pas reçu de réponse ni d'accusé de réception 15 jours avant la date de l'entretien, appelez l'institut pour vérifier à quelle date les envois de convocation ont eu lieu.

2 LE CURRICULUM VITAE (CV)

Pour préparer un CV, il faut lister tous les éléments de vos parcours scolaire et professionnel. Ces éléments seront ensuite inscrits de façon chronologique, afin d'élaborer votre lettre de motivation (voir fiche 3) et, plus tard, de préparer votre présentation et les réponses aux questions du jury.

Interrogez-vous : réfléchissez à votre personnalité, à votre potentiel. Ce qui importe au jury, c'est votre capacité à donner du sens à votre vie et aux événements qui l'ont marquée, à interpréter vos expériences quelles qu'elles soient et à les relier entre elles pour donner une certaine cohérence à l'ensemble de votre projet professionnel.

1 Les rubriques du CV

A| Votre parcours scolaire

- Mettez en valeur les points forts de votre cursus même dans un domaine qui n'a rien à voir avec le métier d'aide-soignant. Quelles que soit vos études, vous avez dû apprendre à suivre des cours, à faire des fiches, à vous organiser dans vos révisions.
- N'hésitez pas à analyser vos échecs, les interruptions d'études ou les changements d'orientation. Tout ce qui vous est arrivé durant votre parcours scolaire (que vous l'ayez subi ou décidé) intéresse le jury.

IMPORTANT

L'objectif du jury est de s'assurer que vous savez tirer parti de vos échecs, et que vous êtes capable de vous remettre en question, d'accepter de parler d'une difficulté et de savoir dire ce que cela vous a appris.

B| Votre parcours professionnel

- **Tous les emplois** que vous avez occupés ont enrichi votre expérience professionnelle, et ce, quel que ce soit le domaine. Vous avez forcément développé des compétences qui ont un lien avec celles attendues d'un aide-soignant.

Exemples

- Si vous avez fait du droit, cela a pu vous apporter de la rigueur, un grand sens de l'organisation et des connaissances juridiques qui pourront vous servir.
- Si vous avez suivi des études de psychologie, vous avez développé des compétences en analyse de situations.
- Si vous avez travaillé dans la vente, vous avez acquis une adaptabilité relationnelle.

- N'oubliez pas de mentionner vos **emplois saisonniers**, vos emplois occupés les soirs, les week-ends. Mettez-les en valeur, reliez-les avec le domaine médical. Montrez au jury que êtes capable de tirer un enseignement de toutes vos expériences.
- C'est la somme de toutes ces expériences qui a construit l'adulte et donc le candidat que vous êtes, cherchez bien le fil qui relie tous ces événements de votre vie et rattachez-le à ce métier pour lequel vous postulez. Chacune de ces expériences vous a apporté des compétences comme le sens de l'équipe, l'entraide, le sens des responsabilités…

C| Vos formations effectuées en cours d'emploi

- Toutes les formations, qu'elles aient été obligatoires ou que vous les ayez demandées, vous ont apporté des connaissances, une réflexion sur vos pratiques professionnelles, voire une approche différente de vos collègues, des usagers, des patients ou résidants en fonction du secteur dans lequel vous avez travaillé.
- Essayez de relier les plus récentes ou les plus importantes avec le métier pour lequel vous voulez entrer en formation.

D| Vos autres activités

- Si vous avez l'expérience du **bénévolat**, surtout n'oubliez pas d'en parler, que ce soit pour une association, du sport, des accompagnements, lors de manifestations ponctuelles, etc.
- Listez aussi vos passions, vos loisirs culturels ou sportifs, ce qui vous anime et vous procure de la détente, du plaisir.
- Le jury apprécie les candidats qui savent s'enthousiasmer. En revanche, soyez synthétique. Ne consacrez pas tout votre temps à ce thème. Vous ne devez pas non plus énumérer une liste trop longue d'activités que vous aimez faire : citez juste ce qui vous tient le plus à cœur.

E| Vos compétences particulières

Langues étudiées, parlées, lues, écrites ; connaissances en informatique, maîtrise des logiciels (Word, Excel, Power Point...), etc.

2 Un exemple de CV

Nom, prénom
Adresse
Code postal, ville
Téléphone
Courriel

COMPÉTENCES GLOBALES

- Qualités relationnelles : *ajouter des exemples*
- Qualités d'organisation
- Grande capacité d'adaptation

EXPÉRIENCE PROFESSIONNELLE

- Année x à x : *lister ses emplois*
- Année

FORMATION ET DIPLÔMES

Année x : *lister et présenter les diplômes obtenus et les formations suivies*

INFORMATIONS COMPLÉMENTAIRES

- Âge
- Connaissance ou maîtrise informatique (*lister les logiciels*)
- Aptitude particulière (chant, musique...)

CONSEILS

- Vous pouvez ajouter une photo.
- N'oubliez pas de vérifier qu'il n'y a pas de fautes d'orthographe.

3 LA LETTRE DE MOTIVATION

À partir des éléments que vous avez déterminés pour établir le CV, vous pouvez rédiger votre lettre de motivation.

1 Le contenu de la lettre

- Celui-ci vous appartient : il doit prouver au jury votre détermination à devenir aide-soignant. Il faut donc lui donner envie de vous rencontrer, et votre personnalité doit transparaître.
- Quelques éléments doivent figurer dans la lettre :
  - votre **métier actuel** et la fonction que vous avez, les compétences que vous y avez développées et qui pourront vous servir dans votre futur métier ;
  - les **formations** que vous avez suivies ;
  - l'origine de votre désir de devenir aide-soignant ;
  - la raison s'il y en a une pour laquelle vous choisissez cet IFAS ;
  - ce qui vous attire dans cette formation.
- Et si vous avez un projet professionnel bien précis, n'hésitez pas à l'écrire.

MÉTHODE

- Soyez précis, concis (la lettre doit faire entre 2 et 4 pages maximum).
- Soyez intéressant : vos idées doivent se succéder logiquement et avoir du sens.
- Faites des paragraphes et, à la fin, relisez-vous et faites-vous relire pour vérifier que les personnes comprennent bien ce que vous voulez dire.
- Et surtout vérifiez votre orthographe et votre grammaire.
- Recopiez-la de manière à ce qu'elle soit le plus lisible possible, entraînez-vous à une écriture régulière, appliquez-vous.

2 La forme de la lettre

Elle doit respecter une présentation bien définie et s'adresser au directeur ou à la directrice de l'institut (voir modèle ci-dessous).

Exemple de présentation de lettre de motivation

Nom, prénom
Adresse
Code postal, ville
Téléphone
Courriel

Ville, le (date)

Nom de l'établissement
À l'attention de (civilité) Nom, titre
Adresse
Code postal, ville

Objet : candidature pour les épreuves de sélection en IFAS

Madame, Monsieur,

J'ai l'honneur de... « présenter ma candidature », « postuler pour avoir la chance d'être accepté dans votre institut », « de vous soumettre mon dossier de candidature »

« Depuis de nombreuses années, je souhaite... » ; « J'ai depuis longtemps le souhait de devenir... »
[Expliquez pourquoi vous souhaitez exercer ce métier.]

« J'ai fait des études de... », « Actuellement en classe de... », « J'ai eu le diplôme de... il y a... » ou « Je travaille actuellement... », « Dans mon métier actuel... »
[Faites des liens avec le futur métier, mettez en avant les compétences que vous avez développées.]

« Je suis conscient du travail qu'il va falloir fournir », « des qualités qu'il faut pour exercer ce métier », « de l'engagement que nécessite cette formation » mais je suis prêt (volontaire, motivé, déterminé à ...)
[Montrez que vous avez réfléchi et que vous êtes conscient des enjeux.]

« Je connais », « Je me suis renseigné », « j'ai étudié » le contenu de la formation.
[Le jury doit voir que vous vous êtes intéressé aux études que vous voulez entreprendre.]

« Je suis ... »
[Donnez une ou 2 qualités que vous possédez et qui vous semblent importantes pour ce futur métier.]

Si vous le souhaitez, vous pouvez rajouter, « Dans l'attente de vous rencontrer lors de l'entretien »

Je vous prie d'agréer, « Madame, Monsieur », l'expression de mes salutations distinguées.

Signature

4 LE DOCUMENT MANUSCRIT

Vous devez choisir entre **relater une situation personnelle ou une situation professionnelle** vécue (que vous choisissiez l'une ou l'autre, il est préférable que ce document relate une expérience ou un événement dans un domaine sanitaire et/ou social, ayant motivé votre souhait de devenir aide-soignant) ou encore votre projet professionnel.

1 La forme du document

A| Les différentes rubriques

Quel que soit le thème que vous choisissez, votre écrit doit être rédigé selon une **forme bien définie** :

- vos **coordonnées** en en-tête puis le **titre du document** en fonction de ce que vous avez choisi ;
- une **introduction** : une phrase suffit pour introduire le contexte et présenter la situation ;
- une **description de la situation** : employez un vocabulaire précis, soyez factuel, ne faites pas d'interprétation, n'utilisez pas d'expression familière, ne donnez aucun nom ;
- une **analyse de la situation** : argumentez et si besoin donnez votre avis sans juger, partagez vos valeurs, essayez de relier la situation avec la profession d'aide-soignant, il faut que le jury y trouve des éléments qui vont le convaincre de la pertinence de votre candidature ;
- une **conclusion** : il s'agit de faire le bilan, la synthèse en démontrant pourquoi cette situation vous conforte dans votre choix de métier.

IMPORTANT

Une des difficultés réside dans le nombre de pages exigé : 2 pages au maximum.
2 pages maximum signifie 2 pages : 1 recto et 1 verso !

B | Un document manuscrit

- Il faut savoir qu'une page manuscrite avec une écriture moyenne normalement espacée correspond à environ 12 lignes sur un document écrit à l'ordinateur.
- Cela signifie que vous allez devoir vous entraîner :
  - à définir puis rédiger votre situation sans aucune faute d'orthographe et dans un style fluide et synthétique ;
  - à l'écrire à la main dans une écriture très lisible et la plus régulière possible tout en l'adaptant afin de respecter le nombre de pages requis.

2 Le contenu du document

- **Une situation professionnelle vécue** : cela peut être toute situation vécue dans le cadre du travail que vous en ayez été acteur ou que vous y ayez assisté, pendant un stage, dans le cadre de votre scolarité, etc.
- **Une situation personnelle vécue** : cela peut-être une expérience personnelle d'hospitalisation, l'accompagnement d'un proche malade ou en fin de vie, la rencontre avec un professionnel, une réflexion à la suite d'un reportage sur le métier, etc.
- **Le projet professionnel** : il s'agit de résumer votre projet. Faites attention à bien personnaliser votre écrit : il faut le différencier de votre lettre de motivation.

MÉTHODE

Dans tous les cas, essayez d'aborder les fondamentaux du métier : la relation d'aide, la communication verbale et non verbale, le travail en équipe, l'ouverture d'esprit, les règles de sécurité ainsi que les valeurs que vous portez : le respect, la tolérance, la bientraitance, l'équité…

3 Exemples de document

A| Une situation professionnelle

Je travaille depuis 1 an au ménage dans un EHPAD pour personnes atteintes de démence sénile type Alzheimer. Je fais partie de l'équipe pluridisciplinaire et je côtoie toute la journée des aides-soignants.

Il y a 6 mois environ, je rentrais dans la chambre d'un résident pour faire le ménage. C'était un homme âgé, avec qui il était difficile de communiquer car son regard restait toujours fixe. Deux jours avant, les infirmières avaient demandé aux aides-soignants de faire sa toilette au lit et de ne pas le lever. J'ai frappé à sa porte comme toujours avant d'entrer et j'ai rapidement eu le sentiment qu'il se passait quelque chose d'inhabituel. Je l'ai regardé et son regard n'était pas normal : ses yeux avaient l'air exorbité. De plus, j'entendais sa respiration très bruyante, qui semblait difficile. J'ai tout de suite appelé mon collègue aide-soignant qui m'a dit de prévenir l'infirmière pendant qu'il allait chercher son matériel pour prendre les constantes du résident.

Bien que contente d'avoir identifié une situation d'urgence et réagi en prévenant l'équipe, j'ai réalisé que j'aurais aimé être plus efficace et j'ai ressenti le besoin et le désir d'évoluer vers ce métier d'aide-soignant.

Je suis une personne fiable et rigoureuse dans le travail, j'ai toujours à l'esprit le bien-être et la sécurité des personnes et j'ai vraiment envie de faire partie des soignants. Ce n'était pas la première fois que j'y pensais mais cette situation m'a aidée à franchir le pas. Je me suis renseignée sur les conditions de sélection pour entrer à l'école et je suis allée chercher mon dossier d'inscription.

B| Une situation personnelle

J'ai 20 ans et j'ai été hospitalisé 6 mois l'an dernier, à la suite d'un accident de moto. J'étais allongé avec des broches dans les jambes et des poulies qui suspendaient une de mes jambes au pied du lit.

Les aides-soignants s'occupaient de moi : ils me lavaient, m'aidaient à prendre mes repas, passaient me voir mais aussi me redonnaient espoir quand mon moral faiblissait. J'admirais leur travail et leur esprit d'équipe, toujours à s'entraider, à se soutenir car il y avait des cas beaucoup plus graves que le mien.

Un matin, c'est une jeune aide-soignante qui est entrée en me disant bonjour et qu'elle allait s'occuper de ma toilette car il manquait du personnel. Elle était intérimaire et les autres aides-soignants étaient occupés avec un autre patient. Je n'ai rien montré mais j'étais très inquiet de la situation. En effet, j'appréhendais le soin, j'avais peur d'être gêné, mal à l'aise et qu'elle le soit aussi.

En réalité, j'ai découvert ce qu'était être professionnel dans ce métier : avec un naturel déconcertant, elle a commencé ma toilette, elle a dédramatisé tous les moments qui auraient pu être gênants, elle m'a rassuré et tout cela avec beaucoup de pudeur et de respect. Je crois que c'est à ce moment-là que j'ai commencé à réfléchir à ce métier pour pouvoir être utile, aider les personnes lors de soins intimes ou douloureux ou dégradants, leur redonner confiance ou du moins alléger leurs difficultés juste parfois par une attitude d'écoute et de compréhension.

J'en ai parlé autour de moi et j'ai consulté Internet sur mon lit d'hôpital pour trouver toutes les informations sur le métier et la formation. Ce que j'ai lu et entendu m'a conforté dans ma décision, même si j'ai bien à l'esprit que cela peut être un métier difficile et éprouvant. J'ai donc décidé de présenter l'épreuve de sélection.

C | Un projet professionnel

J'ai 29 ans. Je travaillais auparavant comme vendeuse en boulangerie mais je me suis arrêtée il y a 2 ans pour aider et accompagner mes parents adoptifs, qui étaient très âgés, quand ils n'ont plus pu s'occuper d'eux.

J'ai demandé aux infirmiers et aux personnels qui venaient à leur domicile de m'apprendre les techniques de nursing, de mobilisation. C'est moi qui faisais leur toilette, qui les habillais, qui les installais dans leur fauteuil. De plus, je préparais les repas et les aidais à manger et à boire. Au fur et à mesure qu'ils ont décliné et que ma présence auprès d'eux est devenue constante, mes gestes sont devenus plus sûrs et plus précis et je me suis vraiment sentie utile et bienveillante : je sais que je leur ai beaucoup apporté.

J'ai rencontré le métier d'aide-soignant quand ils ont été hospitalisés. J'ai découvert des techniques de soin et de mobilisation que je ne connaissais pas, la richesse extraordinaire de ce métier, l'importance de la communication, notamment quand les personnes n'y arrivent plus, l'importance du regard, du toucher. Je me suis aperçue que c'était un vrai métier avec des valeurs telles que le respect et la bienveillance.

J'ai beaucoup échangé et je me suis renseignée sur le métier et les études. Ensuite, j'ai décidé que je ferais tout pour que cela devienne mon métier.

Je souhaite retourner à l'école, j'ai beaucoup à apprendre car je sais que ce que j'ai vécu n'a rien à voir avec le métier. Cependant, mon expérience m'a donné un aperçu de ce que je voulais faire et pourquoi je voulais le faire.

La croissance annoncée de la population en perte d'autonomie dans les prochaines années augmentera les besoins de soignants dans ce secteur du grand-âge et tout le monde ne choisit pas de travailler avec les personnes âgées.

Mon projet est de travailler en tant qu'aide-soignante dans un service de gériatrie et, si je peux et si le métier évolue, de me spécialiser en gérontologie.

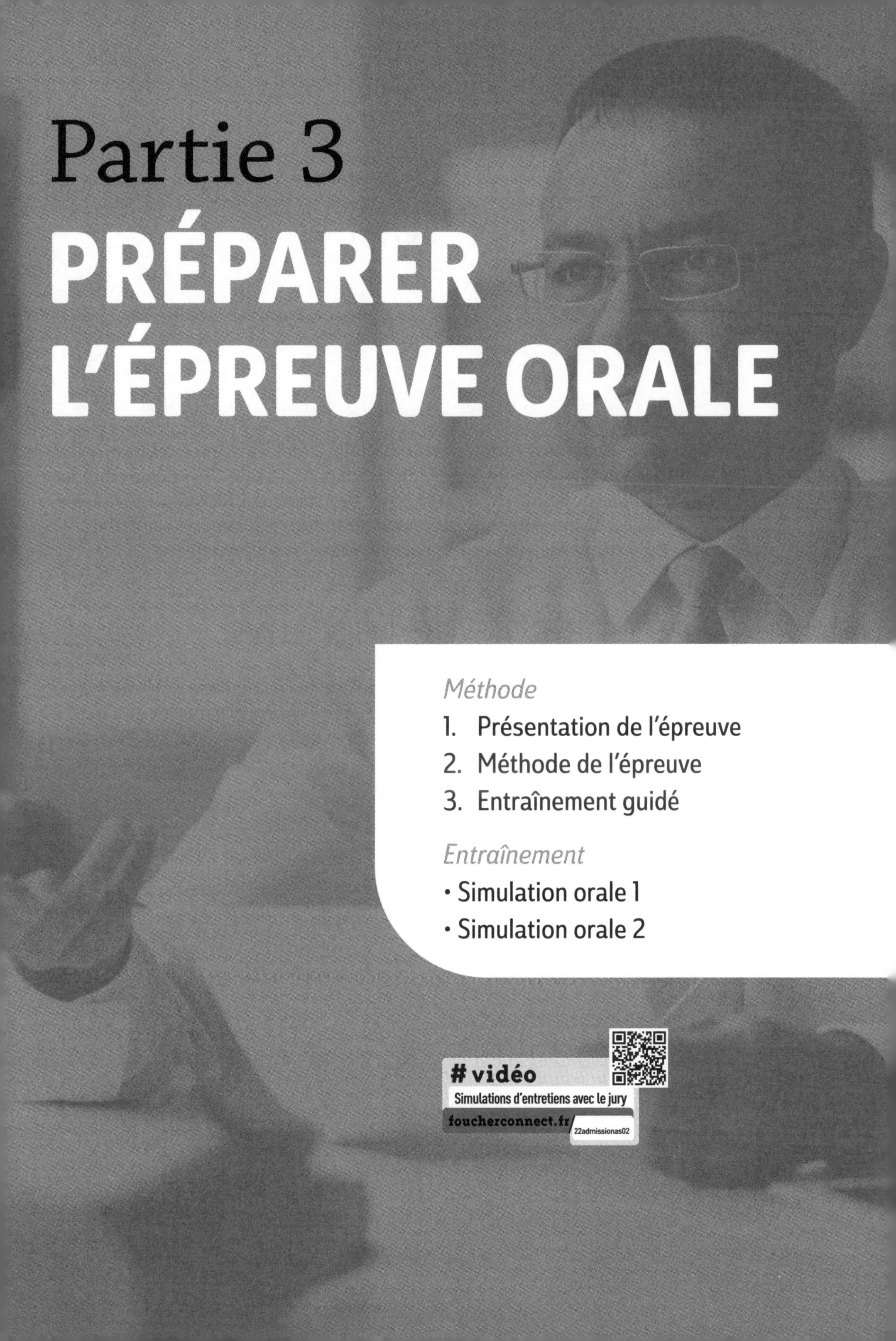

Partie 3
PRÉPARER L'ÉPREUVE ORALE

Méthode

1. Présentation de l'épreuve
2. Méthode de l'épreuve
3. Entraînement guidé

Entraînement

- Simulation orale 1
- Simulation orale 2

vidéo
Simulations d'entretiens avec le jury
foucherconnect.fr/22admissionas02

1 PRÉSENTATION DE L'ÉPREUVE

Pour devenir aide-soignant, il faut savoir conjuguer des aptitudes relationnelles (empathie, autonomie, maîtrise de soi, faculté d'adaptation, sens des responsabilités, capacité à travailler en équipe, tolérance...) et des capacités techniques (rigueur, minutie, patience...). L'entretien est l'occasion pour le jury de repérer ces différents atouts à travers votre présentation : vous devez bien vous y préparer.

1 Les objectifs de l'épreuve

Votre présentation, le dossier que vous avez envoyé et vos réponses aux questions doivent permettre au jury de **mesurer vos aptitudes à exercer ce métier et à suivre la formation**. Pendant l'épreuve orale, les membres du jury évaluent :

- vos motivations pour exercer ce métier ;
- la cohérence de votre projet professionnel ;
- la pertinence de votre argumentation ;
- votre capacité d'analyse et de réflexion ;
- votre ouverture d'esprit, votre capacité à vous remettre en question ;
- votre connaissance de la formation dans laquelle vous voulez vous engager ;
- votre aptitude à travailler en équipe ;
- vos connaissances des grands problèmes sanitaires et sociaux.

2 Les modalités de l'épreuve

L'épreuve orale consiste en un **entretien de 15 à 20 minutes** noté sur 20 points et se basant sur :

- la présentation personnelle du candidat, ses motivations et son projet professionnel ;
- les réponses aux questions du jury.

3 Le jury

- Le jury est composé d'un binôme d'évaluateurs : 2 formateurs infirmiers ou cadres de santé de l'IFAS.
- Le jury n'est pas là pour mettre les candidats en difficulté, mais pour déterminer si la personne est réellement motivée pour le métier d'aide-soignant et si elle sera capable de suivre la formation.

IMPORTANT

Le jury est équitable, chacun de ses membres attribue une note à la fin de l'épreuve, selon les mêmes critères, définis par une grille d'évaluation ; et c'est la moyenne de leurs notes qui donne la note finale.

TÉMOIGNAGE

Paroles de candidat

Gwendoline, 19 ans

Le matin, j'avais mon oral : le jury s'est présenté (une formatrice de l'IFAS et un infirmier de l'hôpital). Ils m'ont demandé de me présenter et de présenter mon parcours. Ils m'ont ensuite posé des questions et m'ont demandé de donner 2 sujets d'actualité autres que le Covid, sans les développer (juste les citer). J'avais peur de ne répondre qu'à l'infirmier, car la formatrice ne posait pas de questions.

4 Les critères d'évaluation

L'épreuve orale est destinée à tester les connaissances et la motivation du candidat mais aussi à vérifier si ses aptitudes concordent avec les exigences de la formation et de la profession. Pour cela, chaque membre du jury dispose d'une grille d'évaluation qui lui permet de noter les critères observés lors de l'épreuve. Le jury veut être convaincu du bien-fondé de chaque candidature.

A| Évaluer des qualités, un potentiel

- La liste des critères sur laquelle s'appuient les membres du jury pour noter un candidat peut être très longue : rapidité de compréhension, capacité d'écoute, sens de l'analyse, de la synthèse, capacité d'ouverture sur le monde, connaissance du métier, solidité du projet professionnel, capacité d'adaptation et de réussite aux études, etc.
- Néanmoins, le jury veut avant tout dépister et décourager les candidats qui se seraient « fourvoyés » dans une orientation qui ne leur correspondrait pas.

Exemple

Quelques critères d'évaluation

Chaque IFAS ou chaque regroupement d'IFAS élabore une grille d'évaluation avant le début des épreuves orales afin que chaque candidat soit évalué selon les mêmes critères. Voici quelques critères à partir desquels les membres du jury peuvent élaborer leur grille d'évaluation :

Savoir se présenter	- Avoir une tenue et une posture adaptées à la situation - Être attentif à l'autre - Respecter le jury - Gérer son stress
Faire preuve de capacités à suivre la formation	- Avoir des capacités intellectuelles - Être capable d'analyse - Être capable de synthèse - Être capable d'argumentation - Avoir un raisonnement logique, structuré, organisé - Avoir une expression verbale adaptée à l'entretien - Avoir un vocabulaire précis, cohérent, pertinent, relatif au thème sanitaire et social
Être capable d'entrer en relation	- Écouter - Reformuler - Tenir compte des propos des autres - Échanger avec le jury - Se positionner - Ne pas émettre de jugements de valeurs
Exprimer ses motivations	- S'impliquer et parler à la première personne « je » - Nommer effectivement ses motivations à vouloir réaliser cette formation - Être capable de questionnement
Exprimer son projet professionnel	- Connaître les caractéristiques de la profession : orientation, missions, avantages, inconvénients - Connaître les exigences, le déroulement de la formation - Avoir le sens des responsabilités
Manifester des capacités d'évolution	- Identifier ses contraintes, ressources et limites - Être capable de réflexion sur soi, de se remettre en question - Avoir une ouverture d'esprit - Être réaliste dans ses propos - Être capable de se projeter

B | Exemple de grille d'évaluation

Une fois la liste des critères établie, les membres du jury élaborent une grille d'évaluation commune et attribuent une notation pour chaque élément à évaluer. Ainsi, après le départ de chaque candidat, le jury met en commun ses observations et rédige une appréciation sur cette grille, fil conducteur de l'entretien.

Éléments à évaluer		Points
Qualités argumentatives	- Raisonnement - Construction des idées - Adaptation à la situation - Projet construit	/5
Personnalité	- Authenticité - Participation active à l'entretien - Sens de l'initiative - Prise d'initiatives	/5
Écoute et ouverture	- Écoute active - Activités extrascolaires - Intérêt porté aux autres - Perceptions réalistes de la profession - S'engage dans ses opinions - Argumente d'une manière volontaire	/5
Comportement et expression	- Bonne gestion de l'émotivité - Présentation correcte et agréable - S'exprime clairement	/5
Total		/20

5 Les 2 temps de l'épreuve

- La première partie de l'entretien repose sur votre **présentation**. Le jury vérifie la pertinence de votre projet professionnel, l'authenticité de vos motivations et s'assure également que vous avez fait preuve de curiosité en vous intéressant à la formation pour laquelle vous postulez et si vous en connaissez les principaux éléments.
- La deuxième partie de l'entretien est basée sur les questions avec lesquelles le jury revient sur des informations que vous lui avez données. Il vérifie par des questions diverses et variées que votre profil correspond bien à la présentation que vous lui avez faite : un discours appris par cœur et stéréotypé ne le convaincra pas.

2 MÉTHODE DE L'ÉPREUVE

1 La présentation personnelle

A| La présentation

Elle reprend les éléments que vous avez notés dans votre dossier :

- **1.** nom, prénom, âge, situation familiale ;
- **2.** situation professionnelle actuelle ;
- **3.** parcours chronologique (du plus ancien au plus récent) scolaire et/ou professionnel, activités bénévoles éventuelles sans omettre le lien entre les compétences acquises et le métier choisi ;
- **4.** activités de sports et/ou loisirs ;
- **5.** qualités et points faibles ;
- **6.** motivations à tenter cette sélection ;
- **7.** projet professionnel.

B| Entraînez-vous !

- Une fois que tous les éléments sont écrits, entraînez-vous à lire votre présentation à voix haute, devant un miroir. Chronométrez-vous afin de respecter le temps imparti le jour de l'épreuve : **5 minutes est un temps idéal**.
- Ensuite, réécrivez-la en ne notant que les grandes lignes ou les mots-clés sous forme de liste et entraînez-vous encore, toujours à voix haute, jusqu'à la connaître parfaitement sans avoir besoin de vos notes.

ATTENTION

Ne récitez pas votre texte, ce n'est pas le but ! Il faut juste que vous sachiez maîtriser les grandes lignes de votre présentation.

- Vous pouvez également vous enregistrer pour entendre le rythme et le ton de votre voix et réajuster si besoin.

CONSEIL
Adoptez la bonne attitude : l'attitude générale démontre aussi la motivation et le jury y est sensible. Le sourire, le regard qui pétille, l'énergie qui se dégage sont autant de signes qui montrent l'enthousiasme. Les gestes et la communication non verbale ont un rôle fondamental dans la démonstration de la motivation.

C | Mettez-vous en situation

- Afin de vous habituer à l'atmosphère qui règnera le jour de l'épreuve, il est indispensable de vous entraîner avec un jury fictif. Demandez à 2 ou 3 personnes de votre entourage (ou d'autres candidats) de jouer le rôle du jury. Ces personnes doivent être suffisamment neutres et objectives pour évaluer votre présentation (que ce soit positif ou négatif) et ainsi vous aider à l'améliorer, notamment sur les points suivants :
  - discours cohérent, clair, compréhensible ;
  - expression des motivations ;
  - projet bien défini ;
  - mise en avant de votre personnalité à travers votre présentation ;
  - vocabulaire adapté…
- Si besoin, vous pouvez leur proposer la grille d'évaluation fournie en exemple. Exigez qu'elles soient sincères et comprennent l'enjeu de ce travail. Demandez-leur ensuite de vous interroger sur votre parcours, votre projet ou vos motivations, au moment où elles le souhaitent, quitte à vous interrompre, quitte à vous déstabiliser.
- Réajustez votre présentation en fonction des commentaires et recommencez !

2 La discussion avec le jury

- Après votre présentation, le jury pose les questions qui lui semblent importantes pour affiner l'évaluation de votre candidature.

CONSEIL
Le jury n'est pas là pour vous piéger, mais parfois, le stress peut vous déstabiliser sur certaines questions un peu plus délicates. Dans ce cas, ne tentez pas de l'esquiver, répondez de façon naturelle, sans tricher, restez franc. Toute tentative contraire est en général facilement détectée par les jurys.

- Généralement, les questions vont « creuser » votre personnalité, vos motivations et votre projet professionnel. C'est le moment, si vous avez le sentiment de ne pas avoir été bien compris précédemment, lors de votre présentation, de réajuster ou de repréciser vos propos.

A| Vos compétences

La compétence renvoie à un savoir-faire particulier (les compétences techniques, par exemple). Ce sont celles que vous avez déterminées quand vous avez décrit votre parcours professionnel.

B| Vos valeurs

- Les valeurs sont des références pour l'action humaine. Elles sont subjectives et varient selon les différentes cultures et sexes.
- Les valeurs professionnelles du métier d'aide-soignant se traduisent tant dans la prestation des soins que dans la relation entre l'aide-soignant et la personne soignée.
- Parmi les valeurs généralement reconnues au sein de la profession, il y a notamment :
  - le respect et la dignité de la personne ;
  - l'intégrité ;
  - le bien-être et la sécurité du patient ;
  - la justice et l'équité dans les soins.

Exemple de question du jury

⋮ Quelles sont les valeurs que vous défendez ?

C| Vos qualités et vos défauts

- La qualité tient au savoir-être, à la manière d'être. Les qualités et les défauts ont une connotation de jugement, et il vaut mieux parler de traits de caractère, de personnalité. Cependant, les examinateurs posent encore souvent la question en termes de qualités et défauts et il est donc important de les avoir bien préparés.
- Il existe deux personnalités en chacun de nous : celle que nous pensons avoir, sur laquelle nous appuyons notre façon d'être ; et celle que perçoivent les autres, ceux qui nous entoure, ceux avec qui nous vivons et travaillons.

MÉTHODE

- Pour avoir une idée exacte de vous-même, il est important de recueillir les deux points de vue, le vôtre et celui de votre entourage.
- Une fois ce travail effectué, regroupez tous les adjectifs et classez-les en 2 colonnes, une « Qualités » et une « Défauts ». Vous vous apercevrez que certains qualificatifs peuvent à la fois être considérés comme défaut et qualité… Par exemple, « être exigeant » peut être un défaut si cela signifie « être difficile ou tyrannique, sans considération pour l'autre », mais ce peut être une qualité si cela signifie « rigoureux, précis, pugnace ».

- Les 2 colonnes étant faites, regroupez ensuite tous les adjectifs qui se ressemblent pour mettre en évidence les traits de caractère les plus importants et choisissez-en seulement 4 ou 5 pour chaque catégorie. Préférez ceux qui sont le plus en lien avec le métier d'infirmier.
- Choisissez bien ces qualificatifs et évitez ceux qui ont une connotation négative : par exemple, évitez de dire « maniaque » mais dites plutôt « ordonné, précis, organisé, rigoureux » ; ne parlez pas de timidité et de manque de confiance en soi mais plutôt de réserve.

- Ce qui est important, c'est de bien se connaître, de savoir tirer parti de ses défauts et de savoir les présenter. Énoncez vos qualités et défauts mais sans excès, ne choisissez pas des termes que vous ne connaissez pas. Préparez des exemples car le jury peut vous demander de préciser, d'argumenter.

Exemples

- **Quelques exemples de qualités :** sens de l'organisation et de la méthode, souplesse du comportement, fiabilité, affirmation de soi, négociation, fiabilité, sens du travail en équipe, contrôle de soi, autonomie, persévérance, confiance en soi, sens du travail soigné, sens de l'observation, minutie, vigilance, ponctualité, attention…
- **Quelques exemples de défauts :** autoritaire, ambitieux, émotif, exigeant, impatient, impulsif, intransigeant, obstiné, pessimiste, pointilleux, prudent, rigide, secret…
- **Quelques exemples de questions possibles du jury :**
  - Êtes-vous sensible, émotif ?
  - Quels sont vos points forts ?
  - Citez trois de vos principales qualités en lien avec le métier d'aide-soignant.
  - Quels sont vos défauts ?

TÉMOIGNAGE

Paroles de candidats

Julie, 24 ans, jeune diplômée

« Mes qualités ? Patiente, empathique, sérieuse, organisée. Mes défauts ? Exigeante envers moi-même, émotive. »

Paul, 30 ans, aide-soignant depuis 5 ans

« Il faut éviter de parler de timidité et de manque de confiance en soi. Réservé est moins fort (une personne timide est vite associée à une personne qui peut perdre ses moyens, se bloquer…) et si tu veux vraiment parler de ton manque de confiance, essaie de moduler : tu y travailles, tu penses que la formation et les stages t'aideront à prendre confiance… »

Carole, 23 ans, aide-soignante en EHPAD

« Mes défauts ? Bavarde car je suis quelqu'un de très sociable. Cependant, je sais faire la part des choses entre le temps de pause et le temps de travail. »

D| Exemples de questions

1| Sur votre présentation

- Quels sont vos loisirs ?
- Pourquoi ne pas avoir tenté le concours en sortant du lycée ?
- Quel élément a déclenché votre reconversion ?

2| Sur le métier

- Quelles sont les missions d'un AS ?
- Quelles sont les compétences requises pour être AS ?
- Qu'est-ce qui vous plaît dans ce métier.
- En connaissez-vous les contraintes ?
- Quel est le rôle de l'AS et dans quel secteur peut-il travailler ?

3| Sur la formation

- Que savez-vous sur la formation, qu'est-ce qu'un module, quel est son contenu ?
- Pourquoi avez-vous choisi notre IFAS ?
- Comment allez-vous financer vos études ?
- Comment la formation est-elle validée ?
- Qu'avez-vous prévu de faire si vous n'êtes pas retenu dans notre IFAS ?

4| Sur votre projet

- Comment pensez-vous concilier vie personnelle et vie professionnelle ?
- Puisque vous dites vouloir aider et soigner les enfants, pourquoi ne pas avoir choisi le métier d'infirmier ?
- Avez-vous présenté plusieurs sélections et si oui quels vont être vos critères de sélection si vous êtes admis dans plusieurs IFAS ?
- Quel est l'événement qui pourrait remettre en cause votre projet ?
- Dans quel secteur avez-vous envie de travailler ?

5| Sur vos motivations

- Pourquoi aide-soignant et pas infirmier ?
- Pour quelles raisons avez-vous décidé de devenir aide-soignant ?
- Qu'allez-vous apporter à cette profession ?
- Comment avez-vous préparé cette sélection ?
- Travailler avec des enfants handicapés vous fait-il peur ?
- Vous avez des enfants, comment allez-vous vous organiser, qui s'occupera d'eux quand vous ne pourrez pas ?

6 | Sur votre personnalité

- Quelles sont les valeurs que vous défendez ?
- Êtes-vous sensible, émotif ?
- Quels sont vos points forts ?
- Citez-moi trois de vos principales qualités en lien avec le métier d'aide-soignant.
- Êtes-vous fait pour travailler en équipe ?

7 | Autres questions plus générales

- Dans votre groupe d'amis, quel rôle avez-vous ?
- Qu'est-ce qui vous a intéressé dernièrement dans l'actualité ?
- Quel genre de journaux lisez-vous ?
- Qu'est-ce-que vous aimez dans la vie ?
- Qu'en pense votre entourage ?

3 La dernière question

Cette question est l'occasion de rectifier le tir pour un entretien qui ne se serait pas très bien déroulé. Si l'entretien n'a pas développé un aspect dont vous souhaitiez parler, c'est le moment !

- Avez-vous quelque chose à ajouter à la fin de cet entretien ?
- Avez-vous des questions à nous poser ou quelque chose à ajouter ?
- Avant de nous quitter, expliquez-nous en une seule phrase pourquoi nous devrions vous intégrer à notre IFAS ?

CONSEIL
Évitez les : « parce que je suis le meilleur…, parce que vous ne pouvez pas passer à côté de ma candidature… »

Si vous avez le sentiment que l'entretien s'est bien déroulé, ne cherchez pas à en rajouter : réfléchissez quelques secondes pour vérifier que vous avez bien parlé de tous les faits que vous considérez comme importants.

Ensuite, souriez. Remerciez.

Attendez qu'on vous libère.

Dites au revoir. Et sortez tranquillement…

ATTENTION
Dans le couloir, le jury peut encore vous entendre : pas d'exclamation, ni de cri devant la porte !

TÉMOIGNAGE

Francis, formateur en IFAS

Les jurys constatent toujours qu'un bon nombre de candidats paraissent trop artificiellement préparés pour un entretien alors que nous attachons beaucoup d'importance à la sincérité, à l'authenticité, à la spontanéité et à une certaine fluidité dans l'échange. Des discours préparés à l'avance, des affirmations exagérées quant à ses propres capacités, une « promotion » de soi trop proche d'une action publicitaire, viennent toujours nuire à la qualité de l'échange.

Le jury apprécie les candidats qui font preuve d'ouverture et de curiosité, qui ont appris à réfléchir sur leurs expériences vécues dans un cadre scolaire, familial, associatif, sportif ou culturel, et qui se montrent capables de mobiliser de l'énergie afin de poursuivre et réaliser leur objectif. Il est important qu'un réel dialogue s'établisse afin que le jury soit en mesure d'estimer les potentialités des candidats à s'intégrer, à participer et à s'épanouir dans l'institut.

vidéo

Simulations d'entretiens avec le jury

foucherconnect.fr/22admissionas02

3 ENTRAÎNEMENT GUIDÉ

1 Se préparer à l'entretien

Le principe même d'un oral est d'être en face à face avec le jury. Vous allez donc vous retrouver devant 2 personnes qui vont évaluer votre prestation. Autant mettre toutes les chances de votre côté et donner au jury la meilleure image de vous-même.

A| Savoir-être et positionnement

Le discours sera d'autant mieux perçu s'il est vivant et expressif. À travers vos mots et votre attitude, vous montrez votre personnalité, tout en restant courtois et disponible. Le jury doit ressentir que vous êtes ouvert au dialogue et aux questions.

1| L'attitude

- Dans le terme « attitude », il faut comprendre votre comportement pendant l'épreuve. Tout d'abord, vous devez sourire ! Cette attitude rend mentalement positif et permet d'être plus communicatif.

CONSEILS

Lors de l'épreuve orale, il est indispensable que vous fassiez preuve d'une certaine humilité : vous ne connaissez pas tout et n'oubliez pas que c'est pour cette raison que vous souhaitez intégrer une formation de 3 années. Même si vous estimez être bien préparé à cette épreuve, vous ne devez pas surestimer vos capacités au risque de paraître arrogant et suffisant.

À NE PAS FAIRE !

Certains comportements doivent être évités à tout prix :
- la familiarité : ne cherchez pas la complicité avec le jury (pas de clin d'œil par exemple…) ;
- l'humour : même si le jury plaisante à propos de ce que vous venez de dire, ne surenchérissez pas ;
- la négativité : ne partez pas perdant !

- Si l'entretien ne se déroule pas comme vous le souhaitiez, maîtrisez tout de même les réactions négatives qui pourraient vous desservir :
  - ne soyez pas terne, passif, désabusé ;
  - ne vous montrez pas arrogant, ironique, ni agressif.

2 | La posture

- Elle désigne la position du corps, la façon dont vous vous tenez face au jury.
- La plupart du temps, vous êtes assis sur une chaise, face aux membres du jury et devant une table. Si c'est le cas, il convient de poser vos mains et vos bras sur la table, cela favorise une posture coopérative pour l'échange avec le jury.

MÉTHODE

Si vous n'avez pas de table, vous devrez vous asseoir au milieu de la chaise, dos droit :
- pas trop au bord, cela pourrait laisser croire que vous avez peur et que vous n'attendez qu'une chose : partir !
- pas trop au fond ou trop avachi pour ne pas donner une image de nonchalance, de « décontraction ». Bien entendu, les bras ballants, le pied posé sur un genou ou les jambes écartées sont à proscrire ;
- ne gigotez pas (surtout si vous avez une chaise tournante), ne tripotez pas votre stylo et n'agitez pas les mains dans tous les sens. Cela ne signifie pas non plus que vous devez rester figé ;
- ne croisez pas les bras : en langage du corps, cela dénote une attitude fermée aux autres.

En résumé, soyez calme, respirez et maîtrisez votre corps.

3 | La tenue

- La présentation vestimentaire est très importante : il est préférable de choisir une tenue soignée, confortable dans laquelle on est à l'aise, ni trop sophistiquée, ni trop décontractée. Vous devez vous sentir vous-même.
- Une hygiène corporelle irréprochable (ongles courts, nets, sans vernis) et une coiffure simple (cheveux propres et disciplinés) sont indispensables.
- Si vous mettez un parfum, choisissez-le léger, surtout ni capiteux, ni entêtant.

ATTENTION

Les piercings et autres multiples boucles d'oreilles ne renvoient pas à l'image que l'on se fait généralement d'un futur professionnel de la santé. Évitez les bijoux voyants, les bagues à chaque doigt et les bracelets qui risquent de tinter ou de heurter la table à chaque mouvement.

CONSEILS

Si vous voulez inspirer confiance
- redressez-vous sur votre siège ;
- tenez votre tête bien droite ;
- respirez tranquillement ;
- ayez une tenue irréprochable

et surtout… souriez !

B| Les modes d'expression

1| La communication verbale

- C'est la capacité à s'exprimer de manière claire et cohérente. Il faut que le jury puisse suivre facilement votre discours :
  - faites des phrases courtes, structurées, argumentées. Donnez des exemples pour appuyer vos propos ;
  - articulez, variez le vocabulaire qui doit être précis et adapté : pas de langage parlé, ni de familiarité ;
  - répondez aux questions de manière réfléchie, sans naïveté ; construisez vos phrases ;
  - faites des pauses. Utilisées au bon moment, elles permettent au jury d'assimiler ce qu'il entend, elles mettent en valeur ce que vous dites.

À NE PAS FAIRE !

Évitez les longues hésitations, les « euh… » entre chaque mot comme si vous ne saviez pas organiser vos pensées, les tics de langage, les mots parasites du type : « quoi ! hein ? Donc… vous comprenez ?… vous me suivez ?… » à chaque fin de phrase. Le jury risque d'être déconcentré et de se focaliser sur ces éléments qui brouillent le discours.

- Votre voix doit être posée, audible, ni trop forte, ni trop basse tout en étant tonique. Le dynamisme doit transparaître dans votre voix.
- Le débit de parole doit être équilibré : ni trop rapide (le jury risque de ne pas comprendre), ni trop lent (le jury risque de se lasser).

2| La communication non verbale

C'est la plus difficile à contrôler car il y a une grande part d'inconscient mais c'est aussi celle qui a le plus d'importance. Elle renforce et crédibilise le message verbal comme elle peut aussi le discréditer si elle est inadaptée.

a. Le regard

Il doit être franc et direct. Adressez-vous à l'ensemble du jury, regardez chacun des membres tour à tour, et pas seulement la personne qui vous a posé la question.

TÉMOIGNAGE

Franck, formateur en IFAS et juré de concours

Il m'est arrivé d'avoir une image négative d'un candidat ayant semblé s'adresser à autre membre du jury et donnant l'impression de m'ignorer. Même si ce qu'il disait était pertinent et réfléchi ; j'ai eu le sentiment d'être invisible (de ne pas compter) et cela m'a fortement contrarié.

b. Les gestes

Attention aux gestes parasites qui peuvent dénoter un manque de confiance en soi : se frotter les mains, ramener une mèche de cheveux, mordiller ses lèvres...

c. Les expressions du visage

N'hésitez pas à sourire, même si le jury n'y répond pas. Contrôlez les mouvements de la tête, les mimiques (désapprobation, froncement de sourcils, moue...).

3 | L'écoute

Une communication efficace repose sur des interlocuteurs qui s'écoutent. Soyez attentif aux questions du jury et à leurs remarques. N'hésitez pas à faire répéter la question ou reformulez-la pour être sûr de l'avoir bien comprise. Ne coupez pas la parole, même si vous anticipez la fin de la question qui vous est posée.

C | La gestion du stress

- Les membres du jury rencontrent des dizaines de candidats et sont donc habitués au stress que peut engendrer l'épreuve orale.

ATTENTION

Le jury est généralement bienveillant à l'égard des candidats et fait en sorte d'instaurer un climat favorable à l'échange. Cependant, chaque jury a ses propres méthodes dont certaines visent parfois à déstabiliser le candidat. Si c'est le cas, il ne faut surtout pas perdre ses moyens ! Adopter une telle attitude a tout simplement pour but de vérifier votre réactivité et votre capacité à vous reconcentrer.

- Si le jury vous interrompt pour vous poser des questions, ne soyez pas désarçonné. Cela ne signifie pas forcément que vous vous êtes trompé. Ces interruptions ne doivent pas vous faire perdre vos moyens. Si toutefois vous « perdez le fil », dites-le et reprenez votre discours ou bien passez à l'idée suivante.

- Ne vous mettez pas la pression inutilement : ayez confiance en vous et en vos capacités. L'entretien avec le jury n'a pas pour objectif de vous juger en tant que personne mais d'évaluer votre potentiel en tant que futur professionnel.
- Si vous échouez, cela ne veut pas dire que vous ne serez jamais infirmier. Il faudra réessayer, mieux se préparer et surtout réfléchir aux points à améliorer.

TÉMOIGNAGE

Coralie, 23 ans, en formation à l'IFAS

J'ai eu de très bons résultats à l'épreuve orale lorsque j'ai tenté le concours pour la deuxième fois. Lors de cet entretien, je n'en savais pas plus que la 1re fois. Je pense que, cette fois-ci, ce qui a joué était la détermination que j'ai su montrer et qui avait été complètement masquée la première fois par mon angoisse et mon stress !

MÉTHODE

- Soyez attentif aux signes du stress qui vous gagne : transpiration excessive, plaques rouges, torsion des doigts, difficulté à déglutir, bouche sèche, mains moites. La meilleure façon de le prévenir est d'identifier les facteurs qui peuvent l'augmenter et surtout ce qui peut vous aider à le surmonter.
- Respirez et faites des pauses pour vous reconcentrer, jusqu'à ce que la pression retombe. Parfois, la visualisation d'une image mentale positive peut être bénéfique pour reprendre le contrôle de ses émotions.
- Prévoyez des mouchoirs pour vous essuyer les mains ou une petite bouteille d'eau en cas de besoin. Vous pouvez également prévenir le jury ; parfois, le fait de verbaliser ses craintes aide à en atténuer les effets.

D| Conseils pratiques pour le jour J

» Les jours précédant l'épreuve

- Repérez les lieux 1 ou 2 jours avant l'oral pour ne pas être pris au dépourvu : le trajet, les possibilités pour se garer, les arrêts de bus, le temps de marche.
- Dormez suffisamment.

» La veille au soir

- Préparez vos affaires (convocation, pièce d'identité, stylos...).
- Prévoyez une petite bouteille d'eau, une barre de céréales, des mouchoirs si besoin.
- Détendez-vous et couchez-vous de bonne heure.

» **Le jour de l'épreuve**

- Prenez un petit-déjeuner, même léger, mais ne partez pas le ventre vide : vous allez avoir besoin de beaucoup d'énergie !
- Soyez ponctuel (anticipez d'éventuels problèmes dans les transports ou embouteillages). Ne prenez pas le risque d'arriver essoufflé et en nage. Inutile non plus d'être trop en avance : si vous arrivez trop tôt, l'attente fera monter la pression.
- Ne regardez pas votre dossier ni votre présentation : faites-vous confiance, vous avez suffisamment travaillé.
- Ne fumez pas juste avant d'entrer : ce serait dommage de donner comme première impression de vous-même une forte odeur de cigarette.
- Éteignez votre portable ; vous risquez ensuite d'oublier de le faire.
- Ayez une attitude adaptée dès que vous franchissez la porte de l'établissement, vous ne savez pas qui vous pouvez croiser.

» **Au moment de rentrer dans la salle du jury**

- Si vous avez un chewing-gum, jetez-le.
- Respirez profondément par le ventre.
- Si vous avez tendance à « jouer » avec votre stylo, ne le prenez pas à la main.
- Souriez, dites « bonjour » en regardant l'ensemble des membres du jury et attendez que l'on vous invite à vous asseoir. Si on ne vous dit rien, demandez poliment l'autorisation de le faire.

» **Pendant l'épreuve**

- S'il y a une table, posez vos mains dessus (cela vous aidera).
- Regardez les examinateurs tour à tour.
- Si vous sentez que le jury ne vous comprend pas ou ne semble pas approuver ce que vous dites, ne vous troublez pas, reformulez, réajustez.
- Gérez votre énergie, le jury doit ressentir votre motivation, votre dynamisme.
- Respirez et faites des pauses pour vous reconcentrer.

» **À la fin de l'épreuve**

Remerciez le jury et dites au revoir.

2 La présentation

On vous appelle (vous êtes en train d'attendre dans le couloir) ou on vient vous cherchez dans la salle.

Vous rentrez, dites bonjour, attendez que l'on vous prie de vous asseoir et de commencer.

A| Exemple de présentation

Bonjour, je m'appelle Luc V., j'ai 25 ans et je me présente à l'entretien pour la première fois.

Après un bac littéraire, je suis entré en fac de psycho mais au cours de la deuxième année, j'ai dû arrêter la fac et chercher un travail. Je n'ai jamais pu valider la licence.

[Le candidat ne s'étend pas sur l'interruption de ses études, ce n'est pas nécessaire. Si jamais le jury veut le savoir, la question lui sera posée à la fin.]

J'ai cherché un travail et j'ai été embauché il y a 4 ans dans une maison de retraite. J'ai travaillé d'abord au ménage puis petit à petit j'ai pu aider auprès des résidents. Et c'est là que j'ai découvert le métier d'aide-soignant. Ce métier m'a tout de suite plu, j'y ai appris l'importance du travail en équipe, d'avoir de la patience, de la tolérance, d'être à l'écoute et bien sûr l'importance de la rigueur dans les protocoles d'hygiène et de soins.

[Le candidat démontre au jury sa connaissance des règles d'hygiène et l'importance du travail en équipe.]

J'ai questionné tous les professionnels que j'ai rencontrés sur le contenu des études et depuis 2 ans, je pense à tenter le concours d'entrée mais je ne me sentais pas prêt. J'avais besoin d'acquérir de l'expérience et de la confiance en moi.

B| Questions du jury

Maintenant, le jury va poser les questions lui permettant d'affiner son évaluation sur votre candidature.

Jury : Comment allez-vous financer votre formation ?

Candidat : J'ai profité de ces années de travail pour mettre de l'argent de côté et mes parents sont d'accord pour m'aider si cela ne suffit pas mais la formation est courte normalement je devrais m'en sortir sur une année.

[Le jury veut savoir si votre projet est structuré, si vous pourrez assumer le coût des études et le fait de ne pas avoir de revenu pendant une année.]

Jury : Quelles sont les activités quotidiennes d'un aide-soignant ?

Candidat : Son rôle est de collaborer avec l'infirmier et d'assurer des soins sous sa responsabilité. Il accompagne les personnes dans la réalisation des activités de la vie quotidienne, il contribue à leur bien-être et met tout en œuvre pour contribuer à leur retour à l'autonomie.

[Le candidat prouve sa connaissance du métier.]

Jury : Quelles sont, pour vous, les qualités nécessaires pour exercer votre profession ?

Candidat : Il faut avant tout avoir de la patience ! Mais il est aussi essentiel d'être organisé, bienveillant, il faut savoir être à l'écoute, savoir observer et être capable de travailler en équipe.

[De même qu'à la question précédente, il a réfléchi aux qualités exigées par ce métier.]

Jury : Quels sont les avantages et les inconvénients du métier ?

Candidat : C'est un travail très enrichissant et passionnant car on aide les patients en vue de permettre leur retour à l'autonomie, on aide également à apaiser leur souffrance et à rendre leur séjour le plus agréable possible.

Cependant, les changements d'horaires peuvent être pénibles et la charge de travail très importante, surtout lorsqu'il y a un manque de personnel ; c'est pour cela qu'il faut être bien organisé dans sa vie personnelle.

La relation avec les familles des patients qui sont parfois inquiets n'est pas toujours évidente et, à l'hôpital, il faut apprendre à affronter la douleur, la maladie et la mort.

[Le jury insiste pour être sûr que le projet soit vraiment réfléchi. Il apparaît là que le candidat a su prendre en compte tous les aspects de ce métier.]

Simulation orale 1

LA PRÉSENTATION DU CANDIDAT

Jury : Bonjour Monsieur, veuillez vous asseoir.

Nous sommes M. ... et Mme ...

Nous allons vous demander de vous présenter puis de démarrer votre exposé et ensuite nous vous poserons des questions complémentaires.

L'entretien va durer entre 15 et 20 minutes, êtes-vous prêt ? Alors, nous vous écoutons.

Candidat : Bonjour, je m'appelle Steven T., j'ai 22 ans et je me présente pour la première fois. Ma mère est infirmière et j'ai toujours voulu travailler dans le milieu médical sauf que je ne savais pas vers quel métier me diriger.

Après avoir eu mon bac, j'ai intégré la fac de médecine comme beaucoup d'autres mais je n'ai pas réussi à passer en deuxième année.

Je n'ai pas voulu retenter une deuxième fois la première année et je me suis inscrit en fac de droit mais là, je me suis vite rendu compte que ce n'était pas du tout pour moi. C'est alors que j'ai eu besoin de prendre du recul et de réfléchir vraiment à ce que je voulais faire de ma vie. J'ai compris que j'avais toujours envie de travailler dans le secteur sanitaire, dans le relationnel, de me sentir utile, d'apporter du soutien et du réconfort.

J'ai donc cherché parmi les différentes formations et ce métier d'aide-soignant s'est vite imposé à moi. J'ai demandé à ma mère d'interroger les aides-soignants avec lesquels elle travaille, je leur ai posé des milliers de questions et j'ai décidé de me préparer et de présenter mon dossier. Me voilà devant vous pour vous prouver ma détermination.

Je suis quelqu'un de très positif, j'ai de nombreux amis et j'ai toujours été dans l'écoute et dans l'aide. Je suis quelqu'un sur qui on peut compter, j'ai le sens de l'observation, je suis ponctuel et attentif.

LES QUESTIONS DU JURY

Jury : Merci, nous allons maintenant vous poser quelques questions qui vont nous permettre de préciser votre profil. Qu'est-ce qui vous plaît dans ce métier ?

Candidat : Ce qui m'attire le plus, c'est de prendre soin des personnes pas seulement sur le plan de leur santé mais aussi sur le plan psychologique, de pouvoir apporter du réconfort tout en les soignant.

C'est un métier riche, qui permet de travailler en équipe pluridisciplinaire.

Jury : Pourrez-vous supporter la confrontation avec la mort, la maladie, la misère, la vieillesse ?

Candidat : C'est une question difficile car je ne sais pas comment je vais réagir, je n'y ai jamais été confronté. Mais ce que je sais c'est que je ne l'appréhende pas, je pense même que ma réaction sera une réaction d'aide, de soutien. Je suis conscient que cela fait partie du métier. Et puis c'est vraiment ce que j'attends de cette formation, d'être confronté à tout ça. À la vie.

Jury : Vous avez voulu faire médecine et votre mère est infirmière. Pourquoi ne pas tenter infirmier ?

Candidat : J'ai pris conscience que je n'étais pas prêt à suivre de longues études. Je préfère m'investir à fond dans un cycle court. Dans quelques années, pourquoi pas. Si j'ai envie d'évoluer, je penserais à infirmier, mais, pour l'instant, c'est aide-soignant que je veux devenir.

Jury : Comment allez-vous faire pour ne pas vous attacher à des patients en fin de vie ?

Candidat : Je pense que c'est le principe même du métier d'aide-soignant, ne pas faire entrer l'affectif et l'émotion dans les soins. On doit être très professionnel et très aidant sans « sensiblerie ».

Après, ça doit être plus facile à dire qu'à faire. Je pense que la formation est aussi là pour nous aider à y réfléchir et les équipes qui nous accueillent en stage aussi.

Jury : Comment vous voyez-vous dans 10 ans ?

Candidat : Déjà, je me vois aide-soignant ! Je travaillerai dans le secteur hospitalier, j'aurai une expérience en médecine et en chirurgie et je serai toujours passionné par mon métier.

Et peut-être, pourquoi pas, je me renseignerai sur le métier d'infirmier.

Jury : Quelles sont vos qualités ?

Candidat : Je suis persévérant, j'ai le sens de l'observation, je suis attentif aux autres et je sais me remettre en question.

Jury : Très bien, nous vous remercions. Au revoir Monsieur.

L'AVIS DU JURY

Ce candidat a réussi à nous montrer sa détermination bien que son parcours soit un peu chaotique. Il a pris le temps de réfléchir et de mûrir son projet mais nous pouvons nous poser la question de sa constance. Il a préparé son entretien et s'est bien renseigné sur le métier.

Exemple d'évaluation

Éléments à évaluer	Note	Commentaires
Qualités argumentatives	4,5/5	Sa présentation est bien construite et argumentée
Personnalité	3,5/5	Il devra confirmer sa constance et sa persévérance
Écoute et ouverture	4/5	Il semble ouvert aux autres, il est déterminé
Comportement et expression	4/5	Il s'exprime bien et semble savoir gérer son stress
Total	16/20	Candidat intéressant.

Simulation orale 2

LA PRÉSENTATION DE LA CANDIDATE

Jury : Bonjour Madame, veuillez vous asseoir.

Nous sommes Mme… et Mme…

Nous allons vous demander de vous présenter ; ensuite, nous vous poserons des questions complémentaires. L'entretien va durer 15 à 20 minutes, êtes-vous prête ?

Alors, nous vous écoutons.

Candidate : Bonjour, je m'appelle Anne et j'ai 38 ans. Je suis divorcée et mère de 2 adolescents. Après le lycée, je n'ai pas poursuivi mes études et suis rapidement devenue mère au foyer. Au bout de quelques années, mes beaux-parents qui habitaient près de nous sont tombés malades et j'ai pris l'habitude de passer les voir et de les aider au quotidien. Je me suis découvert des qualités et des aptitudes insoupçonnées de patience, de relationnel, d'organisation. Puis, mon beau-père est décédé et nous avons dû placer ma belle-mère en Ehpad. Au même moment, mon mari et moi nous sommes séparés. J'ai continué à rendre visite à ma belle-mère et c'est là que j'ai découvert le métier d'aide-soignante. Devant chercher un emploi, je me suis intéressée à ce métier, aux études et aux conditions d'entrée exigées. J'en ai discuté avec mes enfants et mon ex-mari : ils sont d'accord pour m'aider pendant un an. Aujourd'hui, je souhaite me réaliser professionnellement et c'est vraiment la profession que j'aimerais exercer.

LES QUESTIONS DU JURY

Jury : Merci, nous allons maintenant vous poser quelques questions qui vont nous permettre de préciser votre profil.

Vous dites être seule avec vos enfants. Comment allez-vous financer votre formation ?

Candidate : Mes parents, ainsi que mon ex-mari avec qui je suis restée en très bons termes ont proposé de me prêter la somme dont j'aurai besoin.

Jury : Et comment allez-vous vous organiser dans votre vie personnelle ?

Candidate : Mon ex-mari a accepté pendant un an de se charger davantage du suivi scolaire des enfants et de les prendre en fonction de mes besoins et des exigences de la formation. Mes fils sont d'accord.

Jury : Vous dites que vous vous êtes renseignée, parlez-nous du métier et de cette année de formation.

Candidate : C'est un métier de soins qui consiste à faire de la prévention pour préserver et parfois restaurer l'autonomie et le bien-être des personnes. Les études durent maintenant une année et il y a désormais 10 modules au lieu de 8, répartis dans 5 blocs de compétences. Il y a aussi 4 stages, 3 de 5 semaines et 1 de 7 semaines.

Jury : Que savez-vous de la réforme du diplôme ?

Candidate : C'est un métier qui vient d'être revalorisé pour élargir les compétences de l'aide-soignant. Il y a certains soins autorisés mais il reste toujours sous la responsabilité de l'infirmier. Les études aussi ont été réorganisées.

Jury : Connaissez-vous les contraintes de ce métier ?

Candidate : Oui, j'ai rencontré des professionnelles qui m'ont parlé de la fatigue physique liée au travail debout, le poids des personnes à mobiliser, la charge de travail et la fatigue morale car on côtoie la maladie, la souffrance, la mort. Je sais aussi que je vais travailler en horaires décalés, les dimanches, les jours fériés et parfois la nuit en fonction de la structure dans laquelle je serai embauchée. Mais les professionnelles que j'ai rencontrées ont mis en avant d'autres aspects du métier qu'elles trouvent magnifique pour l'aide et le soutien qu'il apporte aux autres et les liens humainement très forts.

Jury : Très bien, nous vous remercions. Au revoir, Madame.

L'AVIS DU JURY

Cette candidate s'est extrêmement bien renseignée à la fois sur la formation et les différents aspects du métier.

Grille d'évaluation

Éléments à évaluer	Note	Commentaires
Qualités argumentatives	4,5/5	Clarté des idées
Personnalité	4/5	Candidate déterminée
Écoute et ouverture	4,5/5	Vision précise et réelle de la profession
Comportement et expression	5/5	Expression fluide, très bonne présentation
Total	18/20	Candidate très satisfaisante

épreuve orale

Simulation orale à télécharger

foucherconnect.fr/22admissionas28

Partie 4
LES CONNAISSANCES INDISPENSABLES

QCM
QCM interactifs pour s'entraîner
foucherconnect.fr/22admissionas29

FICHE 1

LE SIDA

Depuis les années 1980, le monde entier se mobilise pour tenter d'éradiquer la propagation du virus autant sur le plan de la recherche médicale que sur les programmes de prise en charge des malades et les politiques de prévention.

Toutes les 17 secondes, une personne est infectée dans le monde et, depuis le début de l'infection, c'est la valeur de la population du Canada qui a disparu. Malgré tout, alors que l'on meurt encore aujourd'hui du sida en France, des progrès formidables ont eu lieu, notamment dans le domaine de la prévention.

Thèmes associés : les toxicomanies, les infections sexuellement transmissibles (IST).

1 Définition

Le terme VIH désigne le **virus de l'immunodéficience humaine**.

Lorsqu'une personne est infectée par ce virus, on dit qu'elle est **séropositive**. Toutes les personnes infectées par le VIH ne développent pas forcément le sida.

A| La séropositivité

Une personne ne peut pas savoir si elle est séropositive tant qu'elle n'a pas fait un **test de dépistage** du VIH et tant que ce test ne s'est pas avéré positif. Le test permet de rechercher des anticorps que l'organisme produit pour se protéger du VIH et qui ne sont fabriqués qu'en présence du VIH.

On peut être séropositif pendant des années tout en se sentant en très bonne santé.

B| Le rôle du système immunitaire

Le système immunitaire est capable de repérer des éléments étrangers à l'organisme, comme les microbes (virus, bactéries, parasites). Il est également capable de les reconnaître et de fabriquer des anticorps pour les combattre : c'est ce que l'on appelle la **mémoire immunitaire**.

Pendant plusieurs années, l'organisme lutte contre l'infection par le VIH :

- en produisant des anticorps (les mêmes anticorps que l'on recherche lorsqu'on fait un test) qui vont détruire une partie des virus ;
- en fabriquant des quantités importantes de nouveaux lymphocytes (une variété de globules blancs), pour remplacer ceux que le VIH a détruits.

C| Le syndrome d'immunodéficience acquise (sida)

On devient malade parce que les anticorps ne sont pas capables d'éliminer la totalité des virus présents et parce que, au bout d'un certain temps, variable selon les personnes, le renouvellement des lymphocytes est de moins en moins important (l'organisme s'épuise). Leur nombre devient insuffisant et le système immunitaire ne fonctionne plus correctement. Des maladies de plus en plus graves peuvent alors se développer.

Certaines maladies sont appelées **maladies opportunistes** parce qu'elles profitent de la diminution de l'immunité pour se développer. Par exemple, le sarcome de Kaposi est un cancer touchant le plus souvent la peau et pouvant atteindre le tube digestif et les poumons. Il se manifeste par des lésions bleuâtres ou pourpres. On peut également citer la pneumocystose (atteinte pulmonaire). **Lorsqu'une personne a une ou plusieurs maladies de ce type, on dit qu'elle a le sida.**

D| Les modes de transmission

Il n'existe que **3 modes de contamination** par le VIH :

- les rapports sexuels non protégés avec pénétration ;
- les échanges sanguins, notamment par l'intermédiaire d'une seringue (partage de matériel d'injection en cas d'usage de drogues injectables, piqûre accidentelle chez un professionnel de santé) ;
- la transmission de la mère à l'enfant pendant la grossesse, l'accouchement ou l'allaitement au sein.

19 % des jeunes adultes croient encore, à tort, que le VIH peut se transmettre par une piqûre de moustique.

2 Les chiffres-clés

A| Quelques dates

» **5 juin 1981 :** 5 cas de pneumocystose sont décrits chez de jeunes hommes homosexuels de Los Angeles. Le centre de contrôle des maladies (CDC) d'Atlanta aux États-Unis sonne l'alarme. Rapidement, on se rend compte que l'hécatombe liée au sida a aussi débuté parmi les usagers de drogue par voie intraveineuse (UDVI).

- **Janvier 1983 :** le virus est découvert par l'équipe du professeur Luc Montagnier de l'Institut Pasteur (VIH en français, HIV en anglais).
- **Juin 1986 :** le sida devient une maladie à déclaration obligatoire.
- **Décembre 1986 :** les cas de sida avérés obtiennent un statut de maladie de longue durée et ouvrent droit à une prise en charge à 100 %.

B| En France (données Santé publique France 2021)

- 4 900 découvertes de séropositivité (– 22 % par rapport à 2019 (baisse des dépistages et baisse de l'exposition liée à la pandémie et aux mesures de distanciation sociale)) :
  - 56 % des personnes ont été contaminées lors de rapports hétérosexuels, 40 % lors de rapports sexuels entre hommes et 2 % par usage de drogues injectables ;
  - 3/4 l'ont découvert à l'hôpital et 1/4 en ville ;
  - 65 % sont des hommes ;
  - dans 31 % des cas, c'est une infection récente : moins de 6 mois ; dans 30 % des cas, c'est une découverte tardive (stade avancé de l'infection) et dans 52 %, il s'agissait du premier test.
- Augmentation des tests de dépistage :
  - 5,2 millions de sérologies effectuées en labo (activité en baisse en raison du confinement : – 14 %) ;
  - 56 300 TROD (tests rapides d'orientation diagnostique) effectués avec un résultat positif très élevé ;
  - 75 000 autotests vendus en pharmacie mais seulement 500 distribués en 3 mois sur les 8 000 disponibles gratuitement dans les associations.
- 180 000 personnes sont contaminées, dont 25 000 qui ignorent leur séropositivité.

3 Les moyens de lutte

A| Les traitements

Les traitements actuels ont pour but de faire disparaître le virus de leur sang ou bien d'empêcher que l'infection par le VIH évolue vers le sida et aussi de soigner le sida chez ceux qui l'ont déjà développé.

ATTENTION
INDÉTECTABLE = INTRANSMISSIBLE

Aujourd'hui, quand un traitement est efficace, le VIH n'est plus présent dans le sang des personnes touchées. C'est ce qu'on appelle avoir une **charge virale indétectable**, même si le virus est toujours présent dans l'organisme, dans certains organes appelés « réservoirs ». Une personne dont la charge virale est indétectable ne transmet plus le VIH.

La majorité des malades (64 %) ont accès à des **traitements anti-VIH**. Les progrès thérapeutiques permettent aux patients efficacement traités de vivre presque normalement. Leur espérance de vie se rapproche de celle de la population générale et les futures mères ont un risque quasiment nul de transmettre le VIH à leur enfant à naître.

Cependant, certaines personnes supportaient mal ces médicaments qui avaient des effets secondaires importants et gênants. Aujourd'hui, les traitements antirétroviraux sont plus simples à prendre, généralement en une seule prise par jour de 1 à 3 comprimés avec beaucoup moins d'effets indésirables, à court et à long termes. De nouvelles formes de traitements (implants, injection mensuelle, voire trimestrielle) devraient voir le jour.

Les traitements du VIH ne sont efficaces que si on respecte à 95 % les horaires de prises sans jamais interrompre le traitement. Le malade doit s'astreindre à une **hygiène de vie** qui entraîne souvent un mauvais suivi de la prescription et de fait une résistance à suivre son traitement.

Chaque **maladie opportuniste** doit être traitée au cas par cas. Certaines de ces affections se soignent facilement, d'autres sont mortelles et peuvent entraîner des handicaps définitifs : paralysie, cécité...

Le **traitement post-exposition** : que ce soit une exposition professionnelle (piqûre avec une seringue chez un personnel médical) ou sexuelle (rupture de préservatif ou méconnaissance de la séropositivité du partenaire), il existe un traitement antirétroviral (trithérapie) disponible dans tous les services d'urgence des hôpitaux, à prendre dans les 4 heures qui suivent ou au plus tard dans les 48 heures et pendant 1 mois. Le risque d'être contaminé est réduit de plus de 90 %.

B| L'action gouvernementale

Le sida est un **enjeu majeur de santé publique**. La déclaration obligatoire depuis 2003 a été dématérialisée en avril 2016 avec l'objectif d'atteindre 100 % de déclarations des nouveaux cas de VIH et de sida à l'horizon 2020, et une estimation plus rapide et plus précise des nouveaux cas de séropositivité et de sida et de l'impact des mesures mises en œuvre pour atteindre l'objectif de zéro contamination en 2030.

Santé Publique France publie dans son bulletin de décembre 2017 : « Nous devons dès aujourd'hui enclencher une nouvelle dynamique : intensifier et diversifier l'offre de dépistage auprès des populations clefs les plus à risque ; accroître l'offre de prophylaxie pré-exposition (PrEP) vis-à-vis des populations cibles ; assurer le lien au soin des personnes nouvellement diagnostiquées et le maintien dans le soin des patients traités et contrôlés virologiquement ; former les professionnels de santé à l'utilisation de ces outils de prévention... »

C| Le dépistage

Le fait d'être infecté par le VIH ou d'avoir le sida ne se voit pas chez le malade en dehors d'examens particuliers.

Le test de dépistage repose sur la détection des anticorps produits par l'organisme. Il peut se faire soit en laboratoire, soit gratuitement en centre (Cegidd), soit par autotests disponibles en pharmacies depuis 2015 ou distribués dans les Cegidd.

La **qualité** et la **fiabilité** du résultat (obtenu en 15 à 30 minutes) sont désormais pleinement reconnues.

D| La prévention

On meurt toujours du sida en France et, malgré l'information, 1 jeune sur 3 n'utilise pas systématiquement de préservatif.

- Le **préservatif** est la protection la plus simple et la plus fiable contre le VIH-sida et contre les infections sexuellement transmissibles (IST). Il existe des préservatifs de toutes sortes, pour les hommes et pour les femmes. Avant d'arrêter les rapports protégés avec son partenaire, il faut faire un test de dépistage du VIH-sida et des IST.
- Le PrEP (prophylaxie pré-exposition) est un traitement préventif destiné aux personnes très exposées. Ce médicament, prescrit en consultation, se prend soit en continu, soit avant et les 2 jours suivant les rapports sexuels à risque. Les premières études ont montré une efficacité excellente de la PrEP par rapport au VIH. Il ne doit pas remplacer le préservatif car il est inefficace contre les autres infections sexuellement transmissibles.

E| La recherche

La **recherche fondamentale** a pour objectif de mieux comprendre les mécanismes de ces infections virales afin de développer des moyens de les contrer.

La **recherche clinique** a pour but d'évaluer de nouvelles stratégies de traitement plus efficaces, plus simples et mieux tolérées.

La **recherche en santé publique et en sciences sociales** est destinée à améliorer les connaissances sur les dimensions sociales, économiques, psychologiques et culturelles des épidémies ; elle aide à la définition des stratégies de prévention et de prise en charge des personnes atteintes.

La recherche sur le vaccin préventif contre le sida reste une priorité avec l'objectif de mettre au point un vaccin qui soit accessible à tous.

La politique de réduction des risques chez les usagers de drogues avec mise à disposition du matériel stérile d'injection, traitements de substitution aux opiacés, et expérimentation dans certaines villes de centres de consommation a fait ses preuves : ces risques représentent 1 % des nouveaux diagnostics VIH contre 40 % il y a 20 ans.

De nombreuses équipes dans le monde sont mobilisées depuis plusieurs années. D'après vih.org, sa brochure « Le VIH en 2019 : les clefs pour comprendre », il est dit : « Cette approche a fait de grands progrès récemment mais n'est pas encore utilisée en routine, les résultats étant trop inconstants. En ce qui concerne le vaccin préventif, qui protégerait les personnes non infectées, les résultats des études cliniques récentes ne dépassent pas les 30 % d'efficacité. »

À SAVOIR **Questions possibles**

- Pourquoi le sida continue-il de s'étendre malgré les avancées ?
- On dit que deux tiers des jeunes en France n'ont plus peur du sida. Développez.
- Quelles peuvent être les conséquences de la banalisation du sida en France ?
- Après un quart de siècle d'épidémie, peut-on enfin parler librement de sa séropositivité ?

FICHE 2

L'ILLETTRISME

L'illettrisme est un fléau social qui s'amplifie. Son combat est devenu une priorité nationale. La prise de conscience de son ampleur par le grand public et les moyens de lutte qui existent sont les premiers objectifs des différentes journées d'action qui sont organisées.
Thèmes associés : le chômage, l'exclusion, la précarité.

1 Définition

Le terme « illettré » a longtemps été synonyme d'analphabète. Depuis 1984, une définition spécifique différencie les deux notions et laisse à l'**analphabétisme** son sens originel en désignant les personnes qui n'ont jamais été scolarisées et qui sont dans l'incapacité de lire, d'écrire et de compter.

Selon l'Agence nationale de lutte contre l'illettrisme (ANLCI) :

- « L'illettrisme qualifie la situation de personnes de plus de 16 ans qui, bien qu'ayant été scolarisées, ne parviennent pas à lire et à comprendre un texte portant sur des situations de leur vie quotidienne, et/ou ne parviennent pas à écrire pour transmettre des informations simples. »
- « Être illettré, c'est donc ne pas disposer, après avoir pourtant été scolarisé en France, des compétences de base (lecture, écriture, calcul) suffisantes pour faire face de manière autonome à des situations courantes de la vie quotidienne et bien sûr d'entrer dans la lecture d'un livre. »

2 Caractéristiques

L'illettrisme :

- **peut passer inaperçu** : les personnes illettrées s'efforcent de cacher leurs problèmes et de contourner leurs difficultés. Elles développent des compétences qui leur permettent de trouver un emploi (plus de la moitié des personnes concernées travaillent) ;

- est présent aussi bien dans les zones rurales que dans les villes. Toutefois, il existe une **forte corrélation entre illettrisme et précarité** ;
- **n'est pas synonyme d'incompétence ou d'inintelligence** : les personnes illettrées peuvent avoir acquis des compétences sans avoir recours à l'écrit, même si cet acquis est fragile ;
- **ne doit pas être confondu avec l'immigration** : la lutte contre l'illettrisme est différente de la politique linguistique en faveur des migrants.

3 Les causes

Les causes proviennent de facteurs multiples, souvent combinés entre eux : un passé scolaire difficile, des ruptures familiales, des problèmes de santé, des situations d'exclusion ou de précarité.

4 Les conséquences

De nombreuses conséquences existent : un fort sentiment de frustration, une baisse d'estime de soi, un sentiment de dévalorisation du fait de toutes les difficultés rencontrées dans la vie quotidienne, notamment dans l'accès à l'emploi (10 % des demandeurs d'emploi sont concernés), à l'information, à la participation à la vie sociale et culturelle.

La lecture, l'écriture et le calcul sont essentiels pour rédiger un chèque, lire ou écrire une liste de courses, une recette, lire une notice de médicament, un mode d'emploi, une note de service, un planning, des consignes de sécurité, un plan, les devoirs ou le livret scolaire de son enfant, calculer des quantités, vérifier ses comptes…

Les personnes illettrées éprouvent notamment des difficultés pour se repérer dans l'espace et le temps, utiliser les transports, comprendre et répondre au courrier. Les personnes qui travaillent ne demandent pas de formation, ont du mal à s'adapter au changement, à faire des transmissions.

Elles peuvent se retrouver à la merci de personnes mal intentionnées.

5 Les chiffres-clés

- L'illettrisme touche 2,5 millions de personnes dans l'hexagone et 50 000 en outre-mer, soit 7 % (contre 20 % en 2014) de la population adulte âgée de 18 à 65 ans dont 1,5 million ayant un emploi et 3 millions qui ont de grandes difficultés pour lire un texte simple ;

- **7 personnes illettrées sur 10 travaillent : la lutte contre l'illettrisme touche donc de très près le monde du travail et de l'entreprise ;**
- 71 % d'entre elles parlaient uniquement le français à la maison à l'âge de 5 ans. **Attention aux idées reçues qui assimilent illettrisme et immigration ;**
- 50 % des personnes en situation d'illettrisme ont plus de 45 ans ;
- le taux d'illettrisme est plus fort pour les groupes d'âge les plus élevés : 5 % des 18-65 ans, près de 15 % au-delà de 50 ans ;
- **50 % des personnes concernées en situation d'illettrisme vivent dans des zones rurales ou faiblement peuplées, ce qui signifie que la politique doit s'organiser sur tout le territoire ;**
- 10 % vivent dans les zones urbaines sensibles (ZUS).

6 Les moyens de lutte

A| La prise en compte de l'illettrisme

» En 1981, le rapport de G. Oheix (alors directeur général du travail et de l'emploi) « contre la précarité et la pauvreté » affirme que « 8 à 15 % des Français rencontreraient des vraies difficultés avec l'écrit dans leur vie quotidienne ».

» En 1984, le **Groupement permanent de lutte contre l'illettrisme (GPLI)** est créé et le mot illettrisme entre dans le dictionnaire.

» En 2000, l'**Agence nationale de lutte contre l'illettrisme (ANCLI)** succède au GPLI. Sa principale mission est de veiller à ce que les principes de bases de lutte contre l'illettrisme s'inscrivent au cœur des politiques et des pratiques.

» Dès 2002, elle réunit plus d'une centaine d'institutions, de collectivités, d'entreprises pour construire un cadre national de référence dont le premier principe est de prévenir l'illettrisme le plus tôt possible en agissant dès la petite enfance pour que les tout-petits aient accès aux livres, puissent découvrir le plaisir partagé de la lecture et par là même avoir une influence sur leurs familles.

» En 2013, l'illettrisme est reconnu « grande cause nationale » et, en 2014, le cadre national de principes et d'actions pour prévenir l'illettrisme est présenté par le gouvernement. Les 3 premiers objectifs sont :

- inscrire la prévention de l'illettrisme dans le vaste champ de l'éducation et de la formation tout au long de la vie ;
- proposer des actions concourant à la prévention de l'illettrisme dans tous les espaces (sociaux, culturels, éducatifs, familiaux, citoyens) et tous les territoires ;
- permettre à des adultes de plus en plus nombreux d'avoir accès aux savoirs de base.

- En 2015, l'ANLCI conclut un accord avec le CNFPT (Centre national de la fonction publique territoriale) : 3 000 journées de formation ont été organisées en 2016 mais les collectivités mettent en avant la difficulté d'identifier les agents concernés : « ... c'est un exercice délicat pour les DRH, les responsables formation et les cadres, puisque les agents, pour ne pas ébruiter leurs difficultés, se font aider par des collègues ou apportent les documents chez eux. » Le repérage se fait donc par hasard, lors d'une évaluation annuelle ou d'un examen préalable à une reconversion.
- En 2015, l'ANLCI lance la cinquième phase 2015-2017 du Forum permanent des pratiques pour que chacun puisse s'inspirer de ce qui marche, pour que les initiatives contre l'illettrisme se multiplient et avec un nouvel axe transversal : la lutte contre la fracture numérique.
- En 2021, Maïder Echeverria, co-fondatrice de l'association Lire (Lutter pour l'inclusion et le respect par l'écriture) attire l'attention sur les **risques de l'illectronisme** : « il est l'illettrisme du numérique, il risque, à l'aire de la dématérialisation, d'entraîner une exclusion sociale pure et simple ».

B| La prévention

Une étude publiée en 2017 dans la revue *Teaching and Teacher Education* montre que personne ne naît avec des prédispositions pour la maîtrise des outils numériques : si les jeunes, pour la plupart, possèdent une tablette et un smartphone et savent utiliser les réseaux sociaux et naviguer sur Internet, ils se retrouvent souvent en grande difficulté pour en faire un usage éducatif, au même titre que devant un livre ou un cahier.

Les campagnes 2017 « Ensemble, on peut vaincre l'illettrisme » ; 2018 « Face à l'illettrisme, vous n'êtes pas seuls » ; 2019 « Quand on apprend, le moindre progrès est une victoire ».

En 2020, l'ANLCI lance sa 7e édition des Journées nationales d'action contre l'illettrisme : « Vous avez la parole » pour tirer les leçons de ce qu'il s'est passé pendant la crise sanitaire pour les personnes confrontées à l'illettrisme ou à l'illectronisme.

À SAVOIR Questions possibles

- Depuis 2013, on parle des personnes illettrées comme handicapées de la vie courante. Développez.
- « L'illettrisme, une réalité dont on n'ose pas parler », titre le Figaro.fr en 2014. Qu'en pensez-vous ?
- Qu'est-ce que l'illettrisme ? Quelles en sont les causes et conséquences ? Quels seraient les moyens à mettre en œuvre pour y remédier ?

FICHE 3 LE SUICIDE CHEZ LES JEUNES

Selon le rapport de l'Observatoire national du suicide publié en février 2018, le taux de suicide a diminué de 26 % entre 2013 et 2014 mais il reste l'un des plus élevés d'Europe. Le suicide représente la deuxième cause de mortalité des 15-24 ans (16 % des décès), après les accidents de la route.

Thèmes associés : le handicap, les toxicomanies, l'alcoolisme, le chômage, la dépression, la discrimination, les comportements alimentaires.

1 Définition

Les différentes études sur le sujet différencient les pensées suicidaires, les tentatives de suicide et les suicides aboutis :

- les **pensées suicidaires** ou idées suicidaires sont les pensées tournant autour du suicide (idées, impulsions, tentations, décisions, plans, formulés ou non) ;
- les **tentatives de suicide (TS)** sont les tentatives de se donner la mort qui n'aboutissent pas, mais qui conduisent souvent à une hospitalisation ou à une consultation médicale. On parle de **suicidants** ;
- les **suicidés** sont les personnes s'étant volontairement donné la mort. L'Institut national de la recherche médicale (Inserm) rassemble et comptabilise les informations concernant l'ensemble des décès par suicide et leur cause. On parle aussi de **suicide accompli** ou abouti.

On appelle comportement suicidaire chez un individu une succession de comportements mettant sa vie ou sa santé en danger.

2 La période de l'adolescence

L'adolescence est une période de grande fragilité car le jeune subit des transformations physiques et psychologiques rapides et importantes au moment de la puberté.

A| Les transformations physiques

Le jeune ressent les premiers changements avec le développement de ses organes sexuels externes et les bouleversements hormonaux qui les accompagnent. Cette période de mutation s'accompagne d'une angoisse plus ou moins grave et très souvent d'un grand sentiment d'insécurité.

B| Les transformations psychologiques et sociales

On retrouve 3 attitudes caractéristiques :

- l'**ouverture vers autrui** : le jeune crée des sentiments forts avec ses camarades et découvre la capacité à aimer et à séduire. Il a besoin de ses amis, il ne se sent compris que par eux et rejette toute manifestation d'affection de ses proches ;
- l'**affirmation de son identité** : il partage les valeurs (parfois très fortes) de son groupe d'amis. Il a une loyauté sans faille vis-à-vis d'eux, surtout entre jeunes du même sexe. Ils partagent les mêmes passions (musique, sport…), les émotions sont exacerbées, aussi bien l'amour que la haine et la trahison sont vécues comme intolérables ;
- le **repli sur soi** : l'adolescent est secret, renfermé, pudique sur ses sentiments. Il n'admet aucune intrusion de sa famille dans sa vie privée.

Parfois, l'adolescent qui n'a pas confiance en lui, qui n'accepte pas les modifications de son corps ou qui n'a pas réussi à se faire d'amis « réels », a tendance à s'isoler, à passer ses journées enfermé, le plus souvent sur Internet ou sur des jeux vidéo.

C| La tentative de suicide : une crise d'adolescence ?

Toute modification de comportement de l'adolescent est à prendre en compte, notamment lorsqu'il s'agit d'un **changement progressif et durable** : baisse de l'activité physique, tristesse, pleurs fréquents, colères irraisonnées, insomnies, modification de l'appétit…

Une tentative de suicide chez un adolescent n'est jamais une conduite anodine à mettre sur le compte d'une « crise d'adolescence » : c'est l'**expression d'une souffrance** avec un réel risque de passage à l'acte et de récidive. Elle ne doit jamais être banalisée, si minime soit-elle dans sa dangerosité.

3 Les facteurs de risque

De nombreux professionnels se rejoignent pour définir **3 types de facteurs de risque** :

- les facteurs de risque **primaires** : avoir des antécédents de troubles mentaux ou de dépression, des antécédents familiaux de suicide, avoir déjà fait une tentative de suicide ou en avoir exprimé l'intention ;

- les facteurs de risque **secondaires** : l'isolement social, la perte précoce d'un ou des deux parents, avoir subi de la violence, de la maltraitance ou des sévices, l'alcoolisme et la toxicomanie, le handicap ;
- les facteurs de risque **tertiaires** : le jeune âge, le sexe masculin qui est prédominant dans les actes de suicide, les pratiques numériques qui ont parfois pour effet de réduire la durée de sommeil des adolescents, de diminuer leur activité physique et de les surexposer aux médias et expose les plus vulnérables à la souffrance et au risque suicidaire : 88 % des jeunes ont accès aux réseaux sociaux et les utilisent.

4 Les facteurs précipitants

Ce sont les événements que le jeune doit affronter et qui peuvent être un élément déclencheur à un moment donné : échec scolaire, rupture amoureuse, humiliation, harcèlement, suicide d'un pair qui peut entraîner un risque de « contagion » et être amplifié par le biais des outils numériques, notamment des réseaux sociaux.

D'après la Fédération hospitalière de France (FHF), « en France, 40 % des élèves disent avoir subi une agression en ligne. Parfois, ces agressions se transforment en lynchage en règle. Et le harcèlement des adolescents par d'autres jeunes est bel est bien lié à un risque accru d'idées suicidaires et de tentatives de suicide chez les victimes ».

5 Les signes d'alerte

Toute allusion au suicide est à prendre au sérieux. Les messages peuvent être de plusieurs ordres :

- les **messages directs** : des expressions d'idées suicidaires (« je vais me foutre en l'air, vous aurez bientôt la paix, je ne vous embêterai plus longtemps »...) ;
- les **messages indirects** : des allusions plus ou moins déguisées au suicide (« je ne vaux rien, je déçois tout le monde, ma vie n'a pas de sens, je ne compte pour personne »...) ;
- les **signes de dépression** : tristesse, anxiété, fatigue, troubles du sommeil (insomnie/hypersomnie), troubles de l'appétit (anorexie/boulimie), perte d'intérêt et de plaisir pour des activités, retrait, recherche de solitude, mutisme.

Chez les moins de 15 ans, les passages à l'acte demeurent exceptionnels mais leur nombre serait largement sous-estimé selon le psychiatre Boris Cyrulnik : « Les comportements à risque enfantins, tels que le jeu de se pencher par la fenêtre ou de se faire frôler par les voitures, cachent des tentations suicidaires. Les adultes préfèrent souvent y voir des accidents parce que l'idée du suicide d'un enfant est insupportable... Un enfant n'a pas une conception de la mort comparable à celle d'un adolescent ou d'un adulte. Un enfant de 5 ans qui se donne la mort ne pense pas qu'il va mourir. Il n'a pas la notion adulte de la mort. Ce qu'il cherche, c'est l'immobilité, le temps que les choses s'arrangent. »

6 Les chiffres-clés

A| Tous âges confondus

- 9 000 décès par suicide en 2015 (soit 24 décès par jour, 1 par heure). Ce chiffre est annoncé sous-estimé de 10 %.
- Le suicide concerne tous les âges mais il est nettement plus élevé chez les hommes et les personnes âgées.
- 220 000 tentatives de suicide prises en charge par les urgences.
- En 2015 plus de 78 000 hospitalisations après tentatives de suicide.
- 5 % des 18-75 ans de la population générale ont pensé à se suicider au cours des 12 derniers mois et 7 % déclarent avoir fait une TS dans leur vie : 1/3 de ces pensées sont attribuées à des raisons professionnelles.

B| Chez les 16-25 ans

1| La mortalité

- C'est la deuxième cause de mortalité (17 % du total des décès de cette classe d'âge) derrière les accidents de la circulation.
- En 2015, près d'un lycéen sur dix (9,5 %) a déclaré avoir fait au moins une tentative de suicide au cours de sa vie, 3 % en ayant fait plusieurs.
- Le suicide accompli touche majoritairement les 18-25 ans.
- La tentative de suicide est 2 fois plus fréquente chez les filles que chez les garçons, mais le suicide accompli survient 3 fois plus souvent chez les garçons que chez les filles.
- Les admissions d'adolescents pour tentatives de suicide augmentent. L'âge moyen de la première tentative ne cesse de diminuer (13,6 ans pour les filles et les garçons).
- À 17 ans, près de 21 % des filles et près de 9 % des garçons ont déjà tenté de se suicider mais le nombre d'hospitalisations a diminué (89 000 par an en 2017 contre 100 000 en 2008).

2| Le mode de suicide

- La pendaison est le premier moyen (36 %), mais les armes à feu occupent une place importante (31 %), suivies de loin par l'intoxication (10 %) et la noyade (2 %).
- Les garçons de 15-24 ans, comme les hommes en général, utilisent plus des moyens violents (74 % se suicident par la pendaison ou une arme à feu) alors que les filles ont généralement recours à des modes plus diversifiés (27 % par pendaison, 25 % par intoxication, 19 % par précipitation, 15 % par arme à feu).

- Les tentatives de suicide sont réalisées à l'aide de médicaments dans 90 % des cas, dont 50 % par les tranquillisants.

C | Chez les moins de 15 ans

- On note entre 30 et 100 décès chaque année (environ 4 % des décès des 5-14 ans).
- L'épidémiologie des suicides des enfants de 5 à 12 ans est floue. Les suicides aboutis sont rares mais on peut penser qu'un grand nombre d'accidents sont des analogues suicidaires.
- Avant l'âge de 13 ans, 16 % des enfants pensent que la mort pourrait être une solution à leurs problèmes de famille, d'école ou de relations amicales. La tentative de suicide de l'enfant est souvent déclenchée par un simple conflit.
- Les enfants emploient des moyens suicidaires violents : pendaison, strangulation, défenestration.

7 La prévention en amont

Il s'agit de repérer les adolescents à risque. Plusieurs initiatives existent :

- le **dépistage par auto-questionnaire** à remplir en classe, avec l'accord des parents et de l'enfant ;
- la **formation de sentinelles** au repérage de jeunes : programme visant à donner aux adultes ou aux adolescents la capacité et les connaissances nécessaires pour identifier les jeunes à risque et engager les décisions appropriées ;
- d'autres types de **programmes** qui visent à **améliorer les connaissances en santé mentale des adolescents**, dont celles sur le suicide, et à faciliter le dialogue entre pairs et entre jeunes et adultes ;
- des **dispositifs de prévention** du suicide mis en place sur le Web : soit des outils d'autoévaluation en ligne sans aucune intervention humaine, soit des dispositifs de prévention, mis en place sur les réseaux sociaux, avec des modérateurs... ;
- des équipes mobiles de pédopsychiatrie qui vont vers les jeunes déscolarisés ou isolés (milieu rural) ;
- des services anonymes et gratuits sont accessibles par téléphone.

 # info
Fil santé jeune
foucherconnect.fr/22admissionas17

 # info
Suicide écoute
foucherconnect.fr/22admissionas18

8 La prise en charge après une tentative de suicide

Le risque majeur après une TS est la récidive : selon la Haute Autorité de santé (HAS), un tiers des suicidants récidive dans la 1re année et 1 à 2 % d'entre eux décèdent dans ce délai.

A| La prise en charge hospitalière

La prise en charge est hospitalière lorsque le risque de récidive est avéré, dans les cas de pathologie psychiatrique avérée ou suspectée, si l'environnement extérieur est hostile ou lorsque l'adolescent le souhaite.

B| La prise en charge ambulatoire

Dans les autres cas, après évaluation, la prise en charge peut être ambulatoire par des psychiatres, des travailleurs sociaux, des centres médico-psychologiques (CMP) afin de poursuivre l'évaluation et les soins éventuels et mettre en place un suivi.

C| La réduction de l'accès aux moyens de « passage à l'acte »

Il s'agit de réviser les législations sur l'accès aux armes à feu, la distribution de médicaments dangereux, la sécurisation des ponts et monuments, des voies de transport, etc. Cette stratégie repose sur l'idée que les difficultés d'accès à un moyen fatal font gagner du temps, et que ce temps peut permettre aux personnes suicidaires de changer d'avis.

9 Les mesures gouvernementales

- **En 2016** : création du Conseil national de la santé mentale dont une des priorités est le bien-être des jeunes et la prévention du suicide.
- **En 2018** : renouvellement pour 5 ans de L'Observatoire National du Suicide créé en 2013.
- **En 2021** :
  - Mise en place du 3114, une plateforme téléphonique gratuite pour les personnes ayant des pensées suicidaires.
  - Décision n° 2021.0234/DC/SBP du 9 septembre 2021 du collège de la Haute Autorité de santé portant adoption de la recommandation de bonne pratique intitulée « Idées et conduites suicidaires chez l'enfant et l'adolescent : prévention, repérage, évaluation, prise en charge ».

» L'essentiel des recommandations :

- les enfants et adolescents ayant fait une tentative de suicide récente ou présentant un haut niveau d'urgence suicidaire doivent être orientés vers les urgences. Ceux qui présentent un niveau d'urgence suicidaire moyen à faible doivent être orientés vers un dispositif de soins de deuxième ligne ;
- les idées suicidaires de l'enfant ou de l'adolescent ne doivent pas être banalisées ;
- en soins primaires, le repérage des enfants et des adolescents suicidaires repose sur une écoute active et un questionnement direct du patient et/ou sur l'utilisation du BITS (Bullying Insomnia Tobacco Stress Test) pour en faciliter l'approche ;
- parler du suicide n'est pas incitatif au passage à l'acte ;
- l'évaluation d'une crise suicidaire de l'enfant ou de l'adolescent repose sur l'estimation du niveau d'urgence et de vulnérabilité.

 # info
Conduites suicidaires chez l'enfant et l'adolescent
foucherconnect.fr/22admissionas19

À SAVOIR Questions possibles

- Le suicide fait autant de victimes que le sida et les accidents de la route réunis. Quels peuvent être les moyens de prévention ?
- Comment se comporter lorsque l'adolescent exprime une souffrance et que certains éléments font craindre un passage à l'acte ?

FICHE 4 LA POLITIQUE DE SANTÉ PUBLIQUE

L'Organisation mondiale de la santé (OMS), chargée de coordonner l'action sanitaire mondiale, définit en 1946 la santé comme « un état complet de bien-être physique, mental et social qui ne consiste pas seulement en une absence de maladie ou d'infirmité ». Le bien-être, toujours selon l'OMS, peut être considéré comme la satisfaction des besoins et l'accomplissement des capacités physiques, intellectuelles et spirituelles.

Thèmes associés : les vaccinations, l'hygiène de vie, le système de protection sociale.

1 Le droit à la santé

- Il est apparu pour la première fois dans la Déclaration des droits de l'homme et du citoyen de 1789 : « Toute personne a droit à un niveau de vie suffisant pour assurer sa santé, son bien-être et ceux de sa famille. »
- Le droit d'être soigné sans discrimination, quelle que soit sa condition économique et sociale, et de bénéficier d'une vie décente est un droit fondamental qui doit permettre l'égalité dans l'accès aux soins, aux institutions, à la prévention et à un environnement sain.

2 La santé publique

A| Définition

Elle représente tous les aspects de la santé d'une population, au niveau préventif, curatif et éducatif et dépend de différents facteurs sociaux et politiques : conditions de vie, influences culturelles, caractéristiques de l'environnement.

B| Objectifs curatif, préventif et éducatif

- Fournir à toute la population, quelles que soient ses caractéristiques culturelles, sociales, économiques ou géographiques, tous les services de santé qu'elle requiert.
- S'assurer que ces services sont de la meilleure qualité possible.
- Utiliser au mieux les ressources disponibles, satisfaire la population et les professionnels, tout en étant capable d'évoluer en fonction des besoins de santé et des techniques.

3 La politique de santé publique

Elle comprend les mesures, les textes, l'ensemble des moyens tant humains que budgétaires, mis en œuvre par l'État pour diminuer la morbidité, protéger les individus, maintenir et améliorer la qualité de vie de la population et réduire les conséquences des maladies sur le plan fonctionnel et social.

A| La Sécurité sociale

En France, depuis 1945, le système de santé est organisé autour de la Sécurité sociale, sur trois principes fondamentaux : l'égalité d'accès aux soins, la qualité des soins et la solidarité.

B| La loi n° 2004-806 du 9 août 2004

Elle réforme la politique de santé publique en préservant le caractère universel, obligatoire et solidaire du système : « Soigner mieux en dépensant mieux. »

- **Amélioration de l'offre de soins et maîtrise médicalisée des dépenses de santé**
  - Favoriser une coordination des soins effective :
    - création du dossier médical personnel,
    - mise en place du parcours de soins coordonnés,
    - meilleure définition des affections de longue durée,
    - meilleure coordination ville-hôpital,
    - des mesures d'aide à l'accès aux soins.
  - Généralisation des démarches de qualité :
    - création de la Haute Autorité de santé (HAS),
    - création du Haut Conseil de la santé publique (HCSP), mis en place en 2007,
    - nouveau dispositif d'accréditation des professionnels de santé,
    - diverses mesures visant à garantir la qualité des soins.

- Maîtrise médicalisée des dépenses de santé :
  - responsabilisation du patient,
  - renforcement des contrôles et de la lutte contre les fraudes (nouvelle carte vitale...).
- **Une nouvelle gouvernance de l'assurance maladie**
- **Des mesures relatives à son financement**

C| La loi HPST (hôpital, patients, santé et territoire) n° 2009-879 du 21 juillet 2009

Elle a supprimé la notion de service public hospitalier et a créé 14 missions de service public dont la permanence de soins, la prise en charge des soins palliatifs, l'enseignement, la recherche, la formation initiale et continue, les actions d'éducation et de prévention pour la santé, la lutte contre l'exclusion sociale... Ces missions sont accessibles à l'ensemble des établissements de santé quel que soit le statut (y compris les établissements de santé privés, dans le cadre d'un contrat avec le directeur de l'ARS).

Elle a réformé en profondeur l'organisation des politiques de santé :

- **Modernisation des établissements de santé** : renforcement du rôle du directeur d'établissement, nouvelle gouvernance des établissements publics de santé, mot d'ordre : coordination ;
- **Accès de tous à des soins de qualité** : accès aux soins de premiers secours, recrutement des internes et des praticiens hospitaliers, coopération entre professionnels de santé, continuité des soins ;
- **Prévention et santé publique** : mise en place de l'éducation thérapeutique du patient (ETP) qui « s'inscrit dans le parcours de soins du patient et a pour objectif de rendre le patient plus autonome en facilitant son adhésion aux traitements prescrits et en améliorant sa qualité de vie », extension des missions des sages-femmes, facilitation de l'accès à la contraception, lutte contre l'alcool, le tabac, prévention de l'obésité...

L'ETP est une priorité nationale, elle s'inscrit dans la prévention des maladies chroniques et des cancers et vise la responsabilisation et l'autonomisation des personnes malades.

- **Organisation territoriale du système de soins** (création des agences régionales de santé (ARS) qui constituent une nouvelle autorité responsable du pilotage du système de santé en région et le projet régional de santé (PRS) qui définit la stratégie de l'ARS, représentation des professions de santé libérales afin de répartir de façon plus égalitaire l'offre de soins).

4 Le pilotage et le contrôle du système de santé

A| Le rôle de l'État

1| Le ministère chargé de la Santé

- Il œuvre dans les domaines des affaires sociales, de la solidarité et de la cohésion sociale, de la santé publique et de la protection sociale.
- Il définit les politiques de santé publique ; est le garant de l'amélioration de l'état sanitaire de la population ; forme et contrôle les producteurs de soins ; est la tutelle des institutions de financement ; définit et supervise les relations entre institutions, professionnels et population.

2| Les directions qui interviennent dans l'organisation du système de santé

- La direction générale de la santé (DGS).
- La direction générale de l'offre des soins (DGOS).
- La direction générale de la cohésion sociale (DGCS).
- La direction de la recherche, des études, de l'évaluation et des statistiques (DREES).
- La direction de la sécurité sociale (DSS).
- L'inspection générale des affaires sociales (IGAS).

3| Le HCSP (Haut Conseil de la santé publique)

Il est « l'expert » du ministère, il est organisé en 4 commissions spécialisées :
- maladies infectieuses et maladies émergentes (CSMime) ;
- maladies chroniques (CSMC) ;
- risques liés à l'environnement (CSRE) ;
- système de santé et sécurité des patients (CS3SP).

4| Les agences et instituts sanitaires

- Les agences et organismes chargés d'une expertise technique sont sous la tutelle du ministère :
  - **Santé publique France** (agence nationale de la santé publique) a pour mission de protéger efficacement la santé des populations (investigations épidémiologiques, évaluation des risques sanitaires : canicule, Chikungunya, grippe...) ;
  - l'INSERM : Institut national de la santé et de la recherche médicale ;
  - l'INCa : Institut national du cancer ;

– l'ANSM : Agence nationale de sécurité du médicament et des produits de santé ;
– l'EFS : Établissement français du sang ;
– l'ANSES : Agence nationale de sécurité sanitaire de l'alimentation, de l'environnement et du travail ;
– l'ANESM : Agence nationale de l'évaluation et de la qualité des établissements et services sociaux et médicaux.

5| Cas particulier de la HAS (Haute Autorité de santé)

C'est une autorité publique indépendante à caractère scientifique, qui contribue à la régulation du système de santé par l'amélioration de la qualité en santé par :
– l'évaluation des produits de santé, des pratiques professionnelles et de l'organisation des soins ;
– la certification des établissements de santé et l'accréditation des praticiens de certaines disciplines.

B| Les réseaux territoriaux

- **Décentralisation** : transfert de compétences de l'État central à des assemblées élues au niveau territorial (personnalité morale propre) : la région (conseil régional), le département (conseil départemental).
- **Déconcentration** : délégation de certaines fonctions du ministère à des services extérieurs (pas de personnalité morale propre). Exemples : DRASS, DDASS...

1| Les ARS (agences régionales de santé)

- Elles sont au nombre de 17 (13 en métropole et 4 en outre-mer) depuis le 1er janvier 2016.
- Elles ont deux grandes missions :
  – **pilotage de la politique de santé publique et déclinaison des plans nationaux** en région et au niveau des territoires : veille et sécurité sanitaire, observation de la santé ; définition, financement et évaluation des actions de prévention et de promotion de la santé ; anticipation, préparation et gestion des crises sanitaires ;
  – **régulation de l'offre de santé** dans les secteurs ambulatoire (médecine de ville), médicosocial (personnes âgées et handicapées) et hospitalier.

Exemples

Les plans de santé publique
- Plan national santé environnement (PNSE4) 2020-2024
- Plan national autisme 2018-2022
- Plan santé sexuelle 2017-2030
- 4e Plan nutrition santé (PPNS) 2019-2023

Remarque

Les PRS (projets régionaux de santé)

L'action des ARS est incarnée par les projets régionaux de santé élaborés en concertation avec l'ensemble des acteurs de santé dans les régions. Ils définissent la stratégie régionale de santé, organisent et programment sa mise en œuvre opérationnelle et fixent les ambitions et les priorités régionales de santé.

2 | Les délégations départementales

- Elles déclinent localement la stratégie de santé.
- Les départements ont compétence pour :
  - l'APA : aide et action sociale en faveur des personnes âgées ;
  - les MDPH : maisons départementales des personnes handicapées ;
  - l'ASE : aide sociale à l'enfance ;
  - la PMI : protection maternelle et infantile ;
  - la lutte contre l'exclusion : RSA, fonds d'aide aux jeunes,...

5 Les professionnels de santé

- Ils se divisent en 3 catégories selon le Code de la santé publique (CSP) :
  - les **professions médicales** : les médecins, les sages-femmes et les odontologistes ;
  - les **professions de la pharmacie** : les pharmaciens et les préparateurs en pharmacie ;
  - les **professions d'auxiliaires médicaux** : infirmiers, masseurs-kinésithérapeutes, pédicures-podologues, ergothérapeutes et psychomotriciens, orthophonistes, orthoptistes, manipulateurs d'électroradiologie médicale et techniciens de laboratoire médical, audioprothésistes, opticiens-lunetiers, prothésistes et orthésistes, diététiciens.
- Trois professions d'auxiliaires médicaux sont regroupées en « ordre » professionnel : masseurs-kinésithérapeutes, pédicures-podologues et infirmiers.
- D'autres professionnels exercent dans le secteur de la santé et sont cités par le CSP parce qu'ils sont :
  - soit placés en relation avec le secteur et les professions dont ils dépendent : techniciens en analyse biomédicale, préparateurs en pharmacie hospitalière, ambulanciers ;
  - soit notés en relation avec le professionnel dont leur activité dépend : aides-soignants, auxiliaires de puériculture et aides médico-psychologiques ;
  - soit considérés comme ayant l'usage d'un titre et donc d'une activité, mais sans être qualifiés comme professions de santé : ostéopathes, psychothérapeutes.
- Ils exercent à titre libéral ou salarié.

6 Les établissements de santé

- Ils ont différents statuts :
  - établissements de santé publics (service public hospitalier) ;
  - établissements de santé privés : à but lucratif ou à but non lucratif.
- Ils occupent différentes fonctions :
  - **soins de courte durée** : prise en charge des affections graves à leur phase aiguë ;
  - **soins de suite et de réadaptation (SSR)** : surveillance et traitement de malades nécessitant des soins continus, en vue de leur réinsertion ;
  - **soins de longue durée (SLD)** : hébergement de personnes non autonomes avec surveillance médicale continue (différent des EHPAD).

7 Les usagers du système de santé

- **Définitions** : usager : personne ayant recours au système de soin ; malade : personne dont l'état de santé est altéré ; patient : personne qui consulte un médecin.
- **Fonctionnement** : la population bénéficie des soins et de la prévention. Elle finance le système de santé au travers des impôts et des cotisations sociales ; elle donne son avis, questionne, réclame et dénonce par le biais d'associations et de collectifs de malades. Par l'intermédiaire des associations de défense des malades, elle intervient en tant qu'usager, client et citoyen, pour aider et influer sur les décisions en matière de santé publique.
- **Les plus gros consommateurs de soins** : les personnes âgées (hospitalisation, soins à domicile non spécialisés, médicaments), les enfants jusqu'à 2 ans (soins spécialisés et prévention) et les femmes en âge de procréer (contraception, grossesse, accouchement).

8 Le financement du système de santé

A| La Sécurité sociale

Crée en 1945, réservée, à l'origine, aux salariés et à leur famille, elle est obligatoire pour tous et a 2 principes de base : principe d'unité (un seul régime pour couvrir toute la population) et principe d'universalité (toute la population doit être couverte). Elle est constituée de 5 branches : famille (gérée par la CNAF), retraite (gérée par la CNAV), revouvrement (gérée par l'ACOSS), maladie-accidents du travail et maladie professionnelle (gérée par la CNAM) et la branche dépendance.

B| La branche maladie

Elle assure la prise en charge des dépenses de santé des assurés malades et garantit l'accès aux soins. Elle est gérée principalement par trois principaux régimes d'assurance maladie :

- le régime général qui concerne 80 % de la population ;
- le régime agricole (MSA) ;
- les régimes spéciaux : SNCF, RATP, EDF-GDF, des marins, des mines, Assemblée nationale, Sénat, clercs et employés de notaire, ministres du culte...

Sa gestion est décentralisée (caisses locales) et le contrôle assuré par l'État (IGAS et Cour des comptes).

C| Les assurances complémentaires

Elles complètent le remboursement de l'assurance maladie. Il y a 3 types d'assurances complémentaires : les mutuelles, les assurances privées, les institutions de prévoyance.

D| Le coût restant à la charge de l'usager

» **En ambulatoire** :

  » le ticket modérateur (c'est-à-dire la quote-part non remboursée par l'assurance maladie). Il existe 3 types d'exonération du ticket modérateur (par une prise en charge à 100 %) :

- si maladie classée en ALD (affection de longue durée) ;
- si durée d'hospitalisation supérieure à 30 jours ;
- en cas de grossesse, invalidité, accident de travail.

  » la participation forfaitaire de 1 euro.

» **En hospitalisation** : le forfait journalier : 20 €/jour (15 € en psychiatrie).

» **Tiers payant** = dispense partielle ou totale d'avance de frais.

Exemples

La protection universelle maladie (PUMa)
Depuis le 1er janvier 2016, la protection universelle maladie assure aux personnes qui exercent une activité professionnelle en France ou qui résident en France de façon stable et régulière, la prise en charge des frais de santé en cas de maladie ou de maternité, à titre personnel et de manière continue tout au long de la vie.
La CMU-C donne droit à la prise en charge gratuite de la part complémentaire des dépenses de santé (y compris à l'hôpital). Les dépenses de santé sont donc prises en charge à hauteur de 100 % des tarifs de la Sécurité sociale.

9 La stratégie nationale de santé 2018 – 2022

Dès le premier semestre 2018, elle a été mise en œuvre par des plans et programmes nationaux et, dans les territoires, par les projets régionaux de santé (PRS) définis par les agences régionales de santé (ARS). Il y a 4 axes stratégiques complémentaires.

A| Favoriser la prévention

Promouvoir des comportements individuels (alimentation, activité physique, addictions, vaccinations, éducation à la sexualité) ; des conditions de travail favorables à la santé ; prévenir la perte d'autonomie ; développer une politique de repérage, de dépistage et de prise en charge précoces des pathologies chroniques.

B| Lutter contre les inégalités d'accès à la santé

Limiter les dépenses de santé à la charge des usagers ; simplifier les démarches administratives ; renforcer la présence médicale et soignante en fonction des besoins des territoires.

C| Garantir la qualité, la sécurité et la pertinence des prises en charge à chaque étape du parcours de santé

Adapter les soins de 1ers secours ; faire évoluer les modes de financement de l'activité hospitalière ; améliorer la qualité de vie des soignants au travail.

D| Innovation

Faire émerger des pratiques et des traitements innovants et en garantir l'accès ; soutenir les innovations en santé médicales et technologiques ; réaffirmer le rôle des usagers comme acteurs de leur parcours de santé.

10 Quelques chiffres

- **Les bénéficiaires** (chiffres Insee 2021) :
  - 67,8 millions d'habitants ;
  - 118 habitants au km^2 ;
  - espérance de vie en hausse : 85,4 ans pour les femmes ; 78,6 pour les hommes ;
  - 738 000 naissances (chiffre en baisse) ;
  - 368 500 décès (chiffre en hausse).

» **La CSBM :** consommation de soins et de biens médicaux (chiffres DREES 2018)

La dépense courante de santé en France est évaluée à 203,5 milliards d'euros, soit plus de 2 970 euros par habitant et représente 8,9 % du PIB. Dont :

- 47 % : la consommation de soins hospitaliers, y compris la totalité des honoraires perçus par les médecins libéraux en établissement privé ;
- 27 % : la consommation de soins de ville (cabinets libéraux, dispensaires, analyse et prélèvements en laboratoires et soins réalisés en cures thermales) ;
- 2 % : la consommation de transports de malades ;
- 16 % : la consommation de médicaments en ambulatoire ;
- 8 % : la consommation d'autres biens médicaux (y compris optique médicale).

» **Le financement :**

- 78 % par la Sécurité sociale ;
- 13,4 % par les organismes complémentaires ;
- 7 % par les ménages ;
- 1,5 % par l'État, la CMU-C.

À SAVOIR Questions possibles

- Le public est de plus en plus critique vis-à-vis des campagnes de prévention. Cela est-il dû, selon vous, à la médiatisation des scandales sanitaires ?
- Notre système de soins est-il performant au regard de l'état de santé de la population ?
- Le XXe siècle a marqué l'avènement de la santé publique. Qu'est-ce que ce terme évoque pour vous ?

FICHE 5

L'OBÉSITÉ

L'obésité est la première épidémie mondiale : en 2014, plus de 1,9 milliard d'adultes étaient en surpoids et 600 millions étaient obèses (13 % de la population mondiale).

Selon l'OMS, les personnes en surpoids seront 3,3 milliards d'ici 2030. C'est un problème crucial de santé publique avec des disparités très importantes selon les pays. L'obésité entraîne une surmortalité.

Thèmes associés : l'hygiène alimentaire, les comportements alimentaires, la malbouffe.

1 Définition

L'OMS définit l'obésité « comme un excès de masse grasse qui entraîne des conséquences néfastes pour la santé ».

Le diagnostic de l'obésité peut être calculé selon deux critères :

- l'**indice de masse corporelle (IMC)** = poids (kg)/taille (m^2). C'est le seul moyen simple qui estime la masse grasse d'un individu ; selon l'OMS, on parle de surpoids lorsque l'IMC est supérieur à 25 (la moyenne se situant entre 20 et 25).

IMC kg/m^2	Interprétation (selon OMS)
< 16,5	Dénutrition
16,5 à 18,5	Maigreur
18,5 à 25	Corpulence normale
à 30	Surpoids
30 à 35	Obésité
35 à 40	Obésité sévère
> 40	Obésité morbide ou massive

- le **tour de taille** : la localisation autour du ventre d'un excès de masse grasse déterminera une obésité abdominale, indépendamment de l'IMC.

2 Les origines

Au-delà de la **nutrition** (où l'obésité résulte d'un déséquilibre entre les apports et les dépenses énergétiques), de la **sédentarité** et de la **génétique**, des **facteurs environnementaux** semblent impliqués dans le développement et l'installation de cette maladie.

A| La nutrition

Sur le plan alimentaire, des modifications importantes sont apparues :

- la taille des portions a augmenté ;
- les aliments sont beaucoup plus gras, salés, sucrés et donc plus énergétiques ;
- le choix est infini et l'alimentation à disposition permanente ;
- les prix ont considérablement évolué permettant d'acheter en grand nombre et favorisant les consommations caloriques excessives.

B| Le manque d'activité physique

Différents facteurs entraînent une baisse des dépenses énergétiques : l'exercice physique est réduit à cause des jeux vidéo, d'Internet, de la télévision, de même que les déplacements quotidiens qui privilégient la voiture ou les transports en commun.

C| La génétique

Les **inégalités devant la prise de poids** sont incontestables : avec un mode de vie équivalent, certaines personnes prennent plus de poids que d'autres.

Une **prédisposition génétique** à la prise de poids pourrait expliquer ces différences face à l'obésité : le poids d'une personne est lié à 80 % à ses parents naturels.

D| L'environnement

Certains facteurs environnementaux sont impliqués dans les origines de l'obésité : le stress, le sommeil, certains médicaments, des virus, la composition de la flore intestinale, l'exposition à des polluants, sans oublier ceux qui surviennent avant la naissance, voire avant la gestation. Dans le cadre de l'Étude longitudinale française depuis l'enfance, des chercheurs suivent des enfants de la naissance à l'âge adulte et analysent l'influence de l'alimentation maternelle sur l'obésité.

3 Les conséquences

Les incidences sur la santé sont incontestables et il existe un grand risque de développer des maladies ou troubles de type : diabète de type 2, maladies cardio-vasculaires, hépatiques, rénales, respiratoires, articulaires, dermatologiques, incontinence urinaire à l'effort, dépression, cancers.

4 Le surpoids des enfants et des adolescents

Ce sont les courbes de croissance présentes dans les carnets de santé qui évaluent le possible dépassement de la courbe normée.

La période entre 1 et 5 ans est fondamentale : dans 90 % des cas, un enfant obèse ou en surpoids important entre 8 et 12 ans a commencé à prendre du poids à l'âge de 3 ans. Il s'agit du rebond d'adiposité précoce. Un enfant obèse a de fortes probabilités de le rester à l'âge adulte : de 20 à 50 % avant la puberté, et de 50 à 70 % après la puberté.

- **Causes** : chez l'enfant, il s'agit rarement d'une cause unique (rarement une cause médicale) mais d'un ensemble de facteurs de prédisposition et un environnement qui vont favoriser l'excès de poids :
  - pendant la grossesse, tabac, diabète gestationnel mal équilibré, prise de poids importante..., favorisent un bébé de gros poids ;
  - le mode éducatif parental : abus de boissons sucrées, récompense par la nourriture... ;
  - le niveau socio-économique et l'origine culturelle : dans les milieux défavorisés, les femmes sont moins bien suivies durant leur grossesse, prennent beaucoup de poids, mangent moins équilibré et peuvent ensuite rencontrer des difficultés éducatives ;
  - le manque d'exercice physique ;

  des facteurs psychologiques conduisant l'enfant à se rassurer avec la nourriture.
- **Conséquences** : elles sont psychologiques (exclusion, moqueries, mise à l'écart, voire harcèlement) et physiques (douleurs articulaires, essoufflement, augmentation du taux d'insuline, des triglycérides dans le sang, ainsi qu'une surcharge de graisse au niveau du foie).

5 Les chiffres-clés

- 39 % des adultes dans le monde sont en surpoids et 13 % sont atteints d'obésité (les chiffres ont triplé depuis 1975). Les complications associées entraînent le décès d'au moins 2,8 millions de personnes chaque année (60 % des décès sont dus à des maladies chroniques qui présentent un lien avec l'obésité).
- En France, l'obésité progresse : 17 % des adultes sans différence de sexe ont un IMC > 30 et 2 % un IMC > 40.
- Le nombre de chirurgies bariatriques a été multiplié par 4,5 entre 2006 et 2017 (68 000 personnes opérées chaque année).
- Enfants et adolescents (chiffres DREES 2019) :
  - l'obésité infantile touche près de 42 millions d'enfants dans le monde. L'OMS estime que ce chiffre atteindra 70 millions à l'horizon 2025, si la tendance se poursuit ;
  - en France, 21 % des enfants de 6 à 17 ans sont en surpoids et 2 % sont obèses ;
  - persistance des inégalités sociales fortes : dès l'âge de 6 ans, les enfants d'ouvriers sont 4 fois plus touchés par l'obésité que les enfants de cadres : 16 % sont en surcharge pondérale et 6 % sont obèses contre respectivement 7 % et 1 % chez les enfants de cadres ;
  - la prévalence de la maigreur chez les enfants est estimée à 13 % et atteint 19 % chez les filles de 11 à 14 ans.

6 La prévention

A| La recherche

La prise en compte, dans la prise en charge de l'obésité, d'une dimension environnementale autant que comportementale expliquerait les récents progrès réalisés.

- Les derniers travaux montrent que le retentissement sur la santé de l'inflation de la masse grasse dépend de l'importance de cet excès, mais aussi de sa nature (degré d'inflammation, taille des cellules), de sa distribution (abdominale, autour du foie, du cœur…) et des complications qu'elle entraîne.
- Les chercheurs ont également mis en évidence la toxicité de cet excès de tissu adipeux qui expliquerait pourquoi certains obèses ne maigrissent que très peu malgré une réduction de leurs apports alimentaires et une augmentation de leur activité physique. Cela expliquerait également pourquoi les personnes qui guérissent d'obésité sont rares alors que 60 % des patients souffrant d'anorexie mentale et de boulimie guérissent de leur trouble alimentaire.
- Il n'y a pas de traitement médicamenteux spécifique : il est nécessaire de s'adapter à chaque individu.

B| Une prise en charge globale et personnalisée

- Un suivi est nécessaire pendant plusieurs années par une équipe pluridisciplinaire. De plus, une activité physique et régulière est recommandée : minimum de 150 minutes d'activité modérée par semaine (ou 75 minutes d'activité intense).
- La perte de poids conseillée est de 5 % du poids de départ par an, avec maintien de cette perte dans le temps. Il n'existe pas de traitement médicamenteux sans graves effets indésirables.

C| La chirurgie bariatrique

La chirurgie de l'obésité, réservée aux formes les plus sévères associées à des complications, connaît un développement important. Il s'agit d'une intervention qui vise à modifier le système digestif pour réduire l'efficacité de la digestion en diminuant l'absorption des aliments soit par la pose d'un anneau gastrique autour de l'estomac, soit par un court-circuit gastrique (bypass) qui relie l'estomac à l'intestin grêle, soit par l'ablation partielle de l'estomac (sleeve, technique la plus utilisée). La chirurgie plastique complète cette chirurgie pour éliminer les amas graisseux gênants.

D| Les recommandations en cas de surpoids ou d'obésité chez les enfants et les adolescents

- Surveiller l'IMC, indépendamment de l'âge, de la corpulence apparente et du motif de consultation chez tous les enfants et adolescents 2 à 3 fois par an.
- Être vigilant au risque de rebond d'adiposité précoce autour de l'âge de 6 ans.
- Réaliser un suivi régulier et prolongé d'au minimum 2 ans même si les risques s'atténuent.
- Établir une prise en charge globale qui s'appuie sur une éducation thérapeutique du patient qui prenne en compte l'alimentation, l'activité physique et la sédentarité (si le temps de télévision dépasse 4 heures par jour, la corpulence des enfants – et principalement des filles – augmente, indépendamment de ce qu'ils mangent), l'équilibre des rythmes de vie, les aspects psychologiques et socioéconomiques.
- Associer dans cette prise en charge les parents et/ou les adultes responsables de l'enfant ou de l'adolescent.
- Obtenir l'adhésion de l'enfant ou de l'adolescent et de sa famille sans culpabiliser, ni stigmatiser.

Chez l'enfant et l'adolescent en surpoids ou obèse, l'objectif prioritaire n'est pas la perte de poids, mais le ralentissement de la progression de la courbe de corpulence.

Selon l'OMS, le meilleur moyen d'enrayer l'épidémie d'obésité infantile reste la prévention : la prise en charge doit être multidisciplinaire :

- psychologique ;

- alimentaire : servir dans de plus petites assiettes, manger plus lentement, limiter la consommation de graisses, surtout saturées, réduire la consommation de sucres, consommer plus de fruits et légumes, de céréales complètes, légumineuses et fruits secs ;
- physique : lutter contre la sédentarité, encourager une activité physique ludique modérée à intense au moins 60 minutes par jour.

E| Les actions gouvernementales

» **Le 1er PNNS (Plan national nutrition santé) date de 2001** et a initié les actions de lutte contre l'obésité : suppression des distributeurs de friandises et boissons sucrées des établissements scolaires, obligation d'accompagner la publicité pour les aliments d'un message à caractère sanitaire, promotion de l'allaitement maternel qui protégerait contre les risques de l'obésité, affichage sur les étiquettes alimentaires, création des 9 RePPOP (réseaux nationaux de prévention et de pris en charge de l'obésité pédiatrique)...

» **Le 4e (PNNS) 2019-2023 comporte 5 axes :**
- axe 1 : améliorer pour tous l'environnement alimentaire et physique pour le rendre plus favorable à la santé ;
- axe 2 : encourager les comportements favorables à la santé ;
- axe 3 : mieux prendre en charge les personnes en surpoids, dénutries ou atteintes de maladies chroniques ;
- axe 4 : impulser une dynamique territoriale ;
- axe 5 : développer la recherche, l'expertise et la surveillance en appui de la politique nutritionnelle.

» Pour 2023, les objectifs sont de diminuer de 15 % l'obésité et stabiliser le surpoids chez les adultes et de diminuer de 20 % le surpoids et l'obésité chez les enfants et les adolescents.

 # info
HAS 2022 : le « Guide du parcours de soins : surpoids et obésité chez l'enfant et l'adolescent(e) »
foucherconnect.fr/22admissionas20

À SAVOIR Questions possibles

- L'alimentation actuelle tend de nombreux pièges aux enfants et aux adolescents, de la mise à la disposition d'aliments faciles à consommer mais hautement caloriques à l'ingestion de calories liquides, sodas par exemple. L'excès calorique est inévitable si on n'y prend pas garde. Qu'en pensez-vous ?
- Les études statistiques démontrent que l'obésité atteint prioritairement les personnes en grande précarité. Expliquez les raisons de ce phénomène.
- L'obésité des enfants est un problème de société. Qu'en pensez-vous ?

FICHE 6

LES TROUBLES DU COMPORTEMENT ALIMENTAIRE

L'état nutritionnel de la population est le résultat de l'équilibre entre les besoins des individus et leurs apports nutritionnels. Les troubles des conduites alimentaires (TCA) concernent près d'un million de personnes en France. Plus de la moitié d'entre elles ne sont pas dépistées et n'accèdent pas encore aux soins.

Thèmes associés : l'hygiène alimentaire, l'obésité, la malbouffe.

1 Définition

Tout être humain a besoin de :

- **nutriments énergétiques** (glucides, lipides, protéines) qui procurent l'énergie nécessaire au bon fonctionnement de l'organisme ;
- **nutriments non énergétiques** (calcium, fer, vitamines) qui sont indispensables à la bonne utilisation des nutriments.

A| Le comportement alimentaire

Le comportement alimentaire est un ensemble d'actions coordonnées qui aboutit à la prise alimentaire en étant relié à une ou plusieurs pensées d'ordre émotionnel ou cognitif. Ce n'est ni une habitude, ni une conduite.

La prise alimentaire est régulée par un ensemble de facteurs métaboliques et hormonaux avec comme signaux la faim et la satiété.

B| Les troubles du comportement alimentaire (TCA)

Les 2 troubles majeurs les plus répandus du comportement alimentaire sont l'**anorexie** et la **boulimie** (qui doit être différenciée de la compulsion alimentaire).

Ils ne sont pas limités au besoin ou à la volonté de maigrir. Ils expriment un mal-être, une vraie souffrance qui n'a que ce moyen pour s'exprimer. Les personnes atteintes de ces différents troubles ont en commun un manque de confiance et d'estime de soi, une exigence de contrôle ou un perfectionnisme exacerbé, et n'ont pas la possibilité de guérir seules, sans aide.

Tous ces troubles n'ont pas une origine unique, bien que l'on retrouve fréquemment un événement traumatique déclencheur, mais sont dépendants de plusieurs facteurs :

- des facteurs physiologiques : adolescence et puberté ;
- des facteurs génétiques ;
- des facteurs psychologiques : anxiété, contrôle, obsession ;
- des facteurs familiaux : traumatismes ;
- des facteurs socioculturels comme, notamment, l'exigence actuelle de maigreur véhiculée par l'ensemble des médias ou liée à la pratique de certains sports (danse, gymnastique).

2 L'anorexie mentale

A| Les caractéristiques

L'anorexie mentale touche surtout les femmes autour de 16 ans, mais elle peut survenir parfois beaucoup plus tôt (dès 8 ans), ou plus tard (après 18 ans). La personne atteinte de ce trouble diminue volontairement son alimentation ou s'en prive pendant une période pouvant aller de quelques mois à plusieurs années, ce qui entraîne un amaigrissement important (jusqu'à moins de 85 % pour l'âge et la taille). Il apparaît une perturbation dans la manière dont le poids corporel, la forme ou la silhouette sont perçus.

Contrairement aux croyances, ce trouble n'est pas lié aux catégories sociales les plus aisées.

B| La personne anorexique

La personne anorexique veut contrôler son corps, a une peur incontrôlée de grossir et un besoin obsessionnel de maigrir. Son image corporelle est perturbée ; quand elle se regarde, elle ne voit pas la réalité de son apparence. Elle cherche toujours à intensifier sa perte de poids, parfois en se faisant vomir ou en ayant recours à une hyperactivité physique (agitation, excitation, activité sportive), à des laxatifs et à des diurétiques. La **potomanie**, qui est le fait de boire des quantités très importantes de liquide (plus de 3 litres par jour), est un signe d'anorexie.

La perte de poids peut être supérieure à 15 %. On parle alors de dénutrition qui entraîne un déséquilibre hormonal très important, lui-même responsable de la disparition des règles (aménorrhée) ou d'une infertilité à venir ainsi que de graves carences.

C| Les conséquences de l'anorexie

Elles sont de plusieurs ordres.

1| En période de crise anorexique

- Atteinte cardiovasculaire (baisse du rythme cardiaque, troubles du rythme, chutes de tension).
- Aménorrhée quasi constante.
- Manifestations hématologiques (anémie, leucopénie et thrombopénie).
- Perturbations neurologiques.
- Troubles métaboliques du cholestérol et du glucose.
- Également perte des cheveux, problèmes rénaux, constipation…

Ces manifestations disparaissent à la reprise du poids.

2| À long terme

- Complications essentiellement osseuses (risque d'ostéoporose) et dentaires (usure très importante des dents en cas de vomissements fréquents).
- Risque de retard de croissance staturo-pondérale si l'anorexie survient avant ou au début de la puberté.
- Perturbations psychologiques : attitudes de plus en plus rigides, isolement relationnel entraînant des conséquences sur le plan scolaire ou professionnel.
- Le **danger de mort** par dénutrition ou par suicide est réel.

3 La boulimie

A| La personne boulimique

La boulimie est un trouble complexe qui se caractérise concrètement par des crises compulsives où la prise alimentaire prend des proportions incontrôlables. Ce trouble touche principalement des personnes jeunes, surtout les filles, qui ont peur de grossir et veulent perdre du poids.

La caractéristique de la boulimie est la perte totale de contrôle. Pour maigrir, les filles se restreignent terriblement, ce qui entraîne des crises alimentaires incontrôlées où elles engloutissent des quantités démesurées de nourriture. Des vomissements, souvent provoqués, parfois spontanés, terminent cette crise.

Ce comportement est caché, de l'ordre du secret. Il n'y a aucune trace, ni aucune manifestation en public.

B| Les conséquences de la boulimie

Elles sont liées :

- à l'ingestion massive de nourriture : dilatation, voire rupture, de l'estomac ;

- aux vomissements, qui entraînent des remontées acides abîmant les dents (risque de déchaussement) ou qui brûlent l'œsophage (œsophagite) ; ils peuvent occasionner des fausses routes gastriques ou des pneumopathies de déglutition ;
- à la dénutrition : irrégularité menstruelle, perte de cheveux, crampes musculaires, état de fatigue chronique, difficultés de concentration...

4 La compulsion alimentaire ou hyperphagie

C'est un trouble qui n'est pas essentiellement féminin. Les personnes ingèrent, en dehors des repas, et sans sensation de faim, des quantités importantes de nourriture qu'elles apprécient. Il y a une forte notion de plaisir et pas de compensation, ni par les vomissements, ni par de l'hyperactivité.

La personne compulsive tolère ses crises alimentaires même si elle les regrette (sentiment de culpabilité). Ces crises conduisent au surpoids.

Le diagnostic de compulsions sévères implique au moins 2 crises par semaine.

5 Les TCA dits « atypiques »

A| L'orthorexie

C'est le **besoin obsessionnel et acharné de se nourrir sainement**. Il n'y a aucune notion de plaisir, les aliments ne valent que par leurs vertus diététiques, jamais par leur goût. La personne peut penser et vérifier son alimentation pendant des heures. Le contrôle est permanent, devenant pour ces personnes, la seule et unique tâche importante de la journée et de la vie, et entraînant ainsi un isolement (pas d'invitations, pas de sorties au restaurant...).

B| Les conduites restrictives obsessionnelles (ou hypophagie)

Ce sont des contrôles permanents des calories. Les personnes s'alimentent un peu mais elle sont néanmoins très maigres car en permanence en régime. Elles refusent de manger hors de chez elles.

C| Le grignotage pathologique

Il correspond au besoin de manger en dehors des repas, souvent devant la télévision, de petites quantités de nourriture. La personne ne réalise pas les quantités qu'elle ingère. La conséquence pathologique est un surpoids important qui révèle un véritable mal-être.

D| La rumination (ou mérycisme)

C'est un acte quasi involontaire qui se rencontre plus fréquemment chez les enfants. Chez l'adulte, la personne fait remonter dans sa bouche les aliments qu'elle vient d'ingérer pour déglutir à nouveau. Le plaisir est dans la déglutition.

6 Les chiffres-clés (Santé publique France 2019)

Les TCA concernent 600 000 jeunes et sont en augmentation constante : plus de 5 % des jeunes filles et des jeunes femmes de 14 à 35 ans en sont atteintes.

A| L'anorexie

- 20 % des filles se privent régulièrement de nourriture, mais seule une minorité devient anorexique.
- L'anorexie mentale concerne 70 000 adolescents (1,5 % des jeunes filles contre 0,25 % des garçons) et 170 000 adultes dont 100 000 depuis l'adolescence.
- Les deux âges de début du trouble les plus représentés sont 14 ans et 18 ans (dans 8 % des cas, l'anorexie touche des adolescentes de moins de 10 ans).
- La phase anorexique dure en moyenne de 18 mois à 3 ans, mais elle perdure parfois plusieurs années.
- À terme, 1/3 des anorexiques s'en sortent bien (physiologiquement et psychologiquement) ; 1/3 conservent des anomalies du comportement alimentaire, encore trop de restrictions ou des accès boulimiques, avec un mal-être persistant, une vie affective difficile. Le dernier 1/3 évolue mal, vers une dénutrition grave et une dépression chronique.
- Le taux de mortalité est de 2 %.
- Au-delà de 10 ans d'évolution, de 5 à 15 % des malades décéderaient, 20 % après 20 ans ; la mortalité est maximale l'année qui suit la sortie d'hospitalisation (arrêt cardiaque dans plus de 50 % des cas et suicide dans 27 %).

B| La boulimie

- 150 000 adolescents et 250 000 adultes sont atteints de boulimie, dont 50 000 ayant débuté à l'adolescence (75 % sont des jeunes filles ou des femmes).
- 20 à 50 % des sujets souffrant d'anorexie ont des crises de boulimie et 27 % des sujets souffrant de boulimie ont des antécédents d'anorexie mentale.
- 70 % des personnes souffrant de boulimie ont un poids normal.
- 20 % des personnes boulimiques souffrent d'une autre dépendance.

C| La compulsion alimentaire ou hyperphagie

Elle toucherait 500 000 personnes (6 à 8 % des Français entre 15 et 55 ans). La marge d'erreur peut être importante car il n'existe pas de registre. Une des particularités de l'hyperphagie est de concerner autant les hommes que les femmes.

7 Les traitements et la prévention

A| L'anorexie

1| Les objectifs

Ils portent sur plusieurs niveaux :

- normaliser le poids en aidant la personne à retrouver les sensations de faim et de satiété ;
- apporter une aide psychologique par du soutien et des thérapies (notamment des thérapies familiales qui associent l'entourage) ;
- éviter la récidive en maintenant un suivi sur au moins une année.

2| La prise en charge

Elle se fait :

- soit en consultation ;
- soit en hospitalisation si le risque vital est décelé (causes physiques ou risque suicidaire). **L'hospitalisation peut être imposée en cas de refus du patient car il y a souvent déni des troubles anorexiques.**

3| Les actions de prévention

Elles sont essentiellement basées sur de l'information :

- auprès des jeunes enfants afin de leur faire prendre conscience et accepter les différences physiques (formes corporelles, défaut, handicap) ;
- auprès des collèges et des lycées par l'intervention de professionnels de santé ou d'anciens malades pour parler des TCA et de leurs risques ;
- dans les « maisons de l'adolescent ».

Les chercheurs tentent de préciser les mécanismes impliqués dans l'émergence de ce trouble, ainsi que ses facteurs de risque et d'évolution. Ils cherchent aussi à améliorer la qualité de la prise en charge des patients : l'objectif est d'obtenir des guérisons plus fréquentes et plus rapides, limitant ainsi le risque de séquelles et de complications potentiellement fatales.

B| La boulimie et la compulsion

La prise en charge est sensiblement la même que pour l'anorexie. Elle porte sur :

- une thérapie cognitive et comportementale, afin d'aider les patients à surmonter leur besoin compulsif de manger, en travaillant sur le comportement à table et sur le lien entre l'émotion ressentie et la prise alimentaire (ou son refus) ;
- une information nutritionnelle sur les besoins énergétiques et sur les aliments ;
- un traitement médicamenteux (type antidépresseur) qui est proposé, si besoin, pour aider à réduire la fréquence des crises.

Il existe peu de refus de traitement, car les patients sont conscients de leurs difficultés.

La thérapie EMDR est de plus en plus utilisée pour traiter les troubles alimentaires chez les adolescents.

8 Les mesures gouvernementales

» Le ministère chargé de la Santé a signé en 2008 une « charte d'engagement volontaire sur l'image du corps ». Elle a pour grands principes de :

- « sensibiliser le public à l'acceptation de la diversité corporelle ;
- protéger la santé des populations en général, des personnes soumises à des contraintes alimentaires spécifiques et des professionnels de l'image du corps ;
- procéder à des opérations de communication ;
- mieux informer le public sur l'utilisation de l'image du corps et sur l'interdiction de l'apologie de l'anorexie sur Internet. »

» La loi n° 2016-41 de modernisation de notre système de santé contient des dispositions aux articles 19 et 20 ayant trait aux mannequins et à leur santé. Ces deux types de dispositions visent à donner une image du corps dans notre société plus réaliste afin de mettre fin à l'incitation à la maigreur extrême, voire à l'anorexie, chez les jeunes les plus fragiles qui sont sensibles à un idéal de beauté inaccessible.

» La Fédération Française Anorexie Boulimie (FFAB) a organisé le 2 juin 2021 la 1re journée de sensibilisation aux TCA à l'échelle nationale.

À SAVOIR Questions possibles

- Quels peuvent être les dangers d'un régime ?
- En 2013, des magazines relevaient la nouvelle obsession des adolescentes américaines : avoir un « *thigh gap* », c'est-à-dire, pieds serrés, un espace entre les cuisses qui ne se touchent pas. Qu'est-ce que ça vous inspire ?

FICHE 7

LE CANCER

Depuis 2004, le cancer représente la première cause de mortalité prématurée en France, première chez l'homme et deuxième chez la femme. La transformation d'une cellule normale en une cellule cancéreuse est un processus long et complexe

Thèmes associés : hygiène de vie, obésité, tabagisme, alcoolisme, addictions, soins palliatifs, recherche médicale.

1 Définition

Le terme « **cancer** » regroupe des maladies se caractérisant par la multiplication et la propagation anarchiques de cellules qui deviennent anormales.

À la suite d'un dysfonctionnement (mutation, anomalie), certaines cellules de l'organisme sont altérées sans pouvoir être réparées et produisent une lésion majeure au niveau de l'ADN. Ces **cellules déréglées** se multiplient ensuite de façon anarchique et prolifèrent pour former une tumeur d'abord localement, puis dans le tissu avoisinant. Au fil de leurs multiplications successives, certaines cellules cancéreuses s'échappent de leur tissu d'origine en passant par les vaisseaux sanguins ou lymphatiques, et colonisent ainsi d'autres organes et y fondent des cancers secondaires, appelés **métastases**.

Si les cellules cancéreuses ne sont pas éliminées, l'évolution de la maladie mène plus ou moins rapidement au décès de la personne touchée.

 # vidéo
Tout savoir sur le développement d'un cancer
foucherconnect.fr/22admissionas14

2 Les origines

Un cancer peut être dû à des **facteurs internes** :

- l'âge : le vieillissement ;
- l'hérédité : mutations ou variations génétiques transmises.

Il peut également être dû à des **facteurs externes** :

- liés au mode de vie : tabac, alcool, alimentation ;
- liés à l'environnement : rayonnement solaire, pollution ;
- liés au monde professionnel : produits industriels, amiante ;
- liés à certaines infections : virus, bactérie, parasite ou dérèglements hormonaux.

Le cancer peut se déclarer des années après une exposition à un de ces facteurs externes.

Le premier **facteur de risque** est le tabac (19,8 % des cancers : 45 000 décès) ensuite l'alcool (8 %) ; une alimentation déséquilibrée, le surpoids, l'obésité (5,4 %) ; l'exposition à certains agents infectieux (4 %), à certaines substances professionnelles cancérigènes (3,6 %).

Ces facteurs peuvent agir ensemble mais également de manière décalée et donc enclencher ou favoriser le développement du cancer.

3 Les différents types de tumeurs

Une **tumeur** est une masse de cellules qui peuvent être cancéreuses ou non. On parle alors de tumeurs **malignes** (cancéreuses) ou **bénignes** (non cancéreuses).

Une tumeur maligne (masse de cellules cancéreuses) se constitue petit à petit dans l'organe de départ du cancer. La tumeur grandit et envahit les tissus voisins de proche en proche.

Les tumeurs bénignes peuvent atteindre un certain volume et exercer une pression sur des organes ou des tissus sains. Mais, au contraire des tumeurs malignes, elles ne les envahissent pas et ne vont pas disséminer.

4 Le processus

Quatre étapes sont généralement vues lors d'un cancer :

- la maladie débute par une lésion précancéreuse qui contient des cellules en cours de transformation et qui ne deviendra pas forcément un cancer ;
- une cellule cancéreuse apparaît et commence à se multiplier. La tumeur est de petite taille et reste dans le tissu d'origine ;
- la tumeur grossit et envahit les tissus voisins ;
- les métastases apparaissent, se localisent d'abord dans les ganglions lymphatiques puis dans les autres organes.

La maladie suit généralement **4 stades** :

- le **stade 1** correspond à une tumeur unique et de petite taille ;
- le **stade 2** correspond à un volume local plus important ;

- le **stade 3** correspond à un envahissement des ganglions lymphatiques ou des tissus avoisinants ;
- le **stade 4** correspond à une extension plus large dans l'organisme sous forme de métastases.

5 Les différents types de cancers

Quel que soit le lieu où il est situé, un cancer est toujours déterminé par son **tissu d'origine**.

Exemples

- Un cancer de la prostate qui envoie des métastases dans les os ne se transforme pas en cancer de l'os, c'est le cancer de la prostate qui se dissémine.
- Un cancer osseux, lui, ne peut se développer qu'à partir de cellules osseuses et il s'agit alors d'une maladie complètement différente.

Chaque type de cancer a ses **caractéristiques propres** : un cancer du sein est une maladie complètement différente d'un cancer du poumon. Ils se développent à des vitesses différentes, et répondent à des traitements différents.

On sait aujourd'hui qu'il n'existe pas « un » cancer par organe mais une multitude de **sous-types de cancers**. Le traitement doit donc toujours être adapté aux caractéristiques particulières de chaque cancer.

6 Les chiffres-clés (INCa 2019)

- 1re cause de mortalité en France (30 % des décès) devant les pathologies cardiovasculaires.
- 382 000 nouveaux cas estimés par an : 54 % chez l'homme et 46 % chez la femme.
- Âge médian au diagnostic : 68 ans chez l'homme et 67 ans chez la femme.
- Chez l'homme, les cancers plus fréquents sont, par ordre, la prostate, le poumon et le côlon-rectum mais c'est le cancer du poumon qui cause le plus de décès.
- Chez la femme, c'est le cancer du sein suivi du côlon-rectum et du poumon ; c'est le cancer du sein qui occupe le premier rang du nombre de décès.
- Baisse du taux de mortalité : sur 157 000 décès, – 2 % chez l'homme (57 %) et – 0,7 % chez la femme (43 %).
- La survie à 5 ans varie selon la localisation : chez les hommes, ce taux va de 4 % à 96 % pour le cancer du testicule ; chez les femmes, il va de 7 % à 98 % pour celui de la thyroïde (87 % pour le cancer du sein).

- 63,5 % des personnes souffrent de séquelles et 20 % ne travaillent plus 5 ans après.
- Chez les enfants et les adolescents, le cancer représente environ 2 500 nouveaux cas par an (1 750 chez les moins de 15 ans et 800 chez les adolescents de 15 à 19 ans). La moitié des cancers de l'enfant survient avant l'âge de 5 ans. Grâce aux progrès réalisés, 8 enfants sur 10 sont guéris.
- Les principales localisations chez les moins de 15 ans sont les leucémies, les tumeurs du système nerveux central et les lymphomes.

7 Traitements et prévention

A| La prévention

L'**hygiène de vie** : les experts considèrent que 40 % des cancers pourraient être évités en modifiant certains comportements : ne pas fumer, modérer sa consommation d'alcool, avoir une alimentation diversifiée et équilibrée, surveiller son poids, pratiquer une activité physique régulière et éviter l'exposition aux rayonnements UV.

Il existe déjà **deux vaccins** qui protègent contre des virus responsables du développement de certains cancers :

- le vaccin contre le virus de l'hépatite B (cancer du foie) ;
- le vaccin contre le papillomavirus (cancer du col de l'utérus).

Par ailleurs, les chercheurs travaillent à la mise au point d'un autre type de vaccin, dit thérapeutique, pour soigner des cancers déjà diagnostiqués ou éviter leur récidive.

B| Le dépistage

Le but du dépistage est de **mettre en évidence une anomalie le plus tôt possible**, en l'absence de signes, avant que la maladie ne s'aggrave : une mammographie, par exemple, peut permettre de déceler des lésions dans le sein, trop petites pour être perçues à la palpation.

La détection précoce des cancers de la peau et notamment du plus grave d'entre eux, le mélanome, est recommandée aux personnes considérées comme à risque.

En France, 2 types de cancers font l'objet d'un dépistage organisé par les pouvoirs publics : le cancer du sein (participation à 49,9 %) et le cancer colorectal (participation à 33,5 %).

La détection du cancer du col de l'utérus est recommandée chez les femmes de 25 à 65 ans depuis 2010 (participation 61 %). On estime que 90 % des cancers du col de l'utérus pourraient être évités grâce au dépistage.

Par ailleurs, les techniques actuelles d'imagerie (scanner, IRM, PET-scan) permettent de réaliser des bilans extrêmement précis qui guident le chirurgien ou le radiothérapeute.

C| Les traitements

Aujourd'hui, un cancer sur 2 est guéri.

Un cancer peut être soigné par un ou une combinaison de plusieurs traitements (chirurgie, radiothérapie, chimiothérapie, hormonothérapie, immunothérapie ou les nouveaux traitements ciblés qui s'attaquent surtout aux cellules cancéreuses et perturbent moins les cellules normales).

De nombreux progrès ont été accomplis avec la mise au point de thérapies ciblées qui permettent à certains patients de bénéficier de traitements « sur-mesure ».

On compte **47 thérapies ciblées dans 19 types de cancers**. Une même thérapie ciblée peut être prescrite dans plusieurs types de cancers présentant une anomalie commune.

Les thérapies ciblées sont l'un des piliers de ce qu'on appelle la « médecine de précision ». L'autre pilier est l'immunothérapie.

8 La recherche

La recherche sur les cancers mobilise environ **6 000 chercheurs, enseignants et techniciens** en France, soit plus de 700 équipes œuvrant dans des disciplines différentes et complémentaires : biologie, clinique, sciences humaines et sociales, épidémiologie, santé publique, etc.

 # info
Les dernières avancées
foucherconnect.fr/22admissionas12

La recherche sur les cancers vise à mieux comprendre les mécanismes de la maladie, à la prévenir, à la dépister au plus tôt et à mieux la soigner. Elle a pour principal objectif d'améliorer les connaissances qui permettront de réduire la fréquence et la mortalité des pathologies cancéreuses, et d'améliorer la qualité de vie des patients, pendant et après leur maladie, *via* des traitements plus efficaces et moins toxiques.

9 Les mesures gouvernementales

A| Les Plans cancer

Le **premier Plan cancer 2003-2007** a créé l'Institut national du cancer (INCa) pour traiter la globalité de la question : de la recherche à l'après cancer.

Le **Plan cancer 2009-2013** a mis l'accent sur la personnalisation des prises en charge et le déploiement des innovations thérapeutiques.

Le **Plan cancer 2014-2019** a inscrit 17 objectifs parmi lesquels : répondre aux besoins et aux attentes des personnes malades, de leurs proches et de l'ensemble des citoyens ; guérir plus de personnes ; préserver la continuité et la qualité de vie ; investir dans la prévention et la recherche ; optimiser le pilotage et les organisations de la lutte contre les cancers.

Il a notamment instauré le droit à l'oubli pour les malades.

Une **stratégie décennale 2021-2030** de lutte contre le cancer succède à ces plans. Son objectif étant de réduire considérablement le poids des cancers dans le quotidien des français, elle se compose de 4 axes prioritaires, déclinés en plus de 240 actions concrètes :

- axe 1 : améliorer la prévention ;
- axe 2 : limiter les séquelles et améliorer la qualité de vie ;
- axe 3 : lutter contre les cancers de mauvais pronostic ;
- axe 4 : s'assurer que les progrès bénéficient à tous.

B| Cas particulier de la période pandémique

D'après Axel Khan (1944-2021), généticien et président de la Ligue contre le cancer, près de 100 000 cas n'ont pas été dépistés en 2020 à cause de la pandémie de coronavirus. Il ajoutait : « Les conséquences en termes de vies perdues seront considérables : 30 à 50 % des cancers n'ont pas été diagnostiqués et chaque mois de retard, diminue de 10 % les chances de guérison. Il y aura donc des milliers de morts supplémentaires par cancer dans les cinq ans à venir, liés à cette crise. »

 # info
Déprogrammation d'opérations et perte de chance pour les patients
foucherconnect.fr/ 22admissionas13

 # info
L'INCa anime un groupe national de pilotage : Cancer et Covid-19
foucherconnect.fr/ 22admissionas15

À SAVOIR Questions possibles

- Tabac : victimes de la fumée des autres. Un rapport révèle les méfaits du tabagisme passif. En France, il fait près de 3 000 morts par an. Il accroît les risques de cancers et d'accidents cardiaques chez l'adulte. Commentez.
- En quoi l'éducation à la santé permet-elle de devenir acteur de santé ?

FICHE 8 LES ACCIDENTS VASCULAIRES CÉRÉBRAUX

L'AVC, autrefois appelé « apoplexie » ou encore « attaque cérébrale », est l'une des principales causes de mortalité en France et la première cause de handicap de l'adulte.

C'est une urgence médicale, et une prise en charge très précoce peut éviter les complications et en limiter les séquelles.

Thèmes associés : l'hypertension, le diabète, l'alcoolisme, le handicap, l'obésité.

1 Définition

L'accident vasculaire cérébral est un trouble vasculaire cérébral touchant les vaisseaux sanguins qui amènent le sang au cerveau.

 # info
Comprendre l'AVC
foucherconnect.fr/22admissionas07

Le flux sanguin rencontre un obstacle (caillot sanguin ou vaisseau sanguin rompu) qui bloque son passage vers les différentes parties du cerveau, et prive ces dernières de leur apport vital en oxygène et en éléments nutritifs essentiels, causant leur dysfonctionnement puis leur mort en quelques minutes.

IMPORTANT

C'est une urgence médicale qui peut être fatale dans la moitié des cas :
- la prise en charge doit se faire dans les 4 premières heures car, 7 heures après, les dommages sont souvent irréversibles ;
- la gravité de l'AVC dépend de la localisation, de l'étendue des zones cérébrales touchées et de la rapidité du temps d'intervention ;
- les effets dévastateurs d'un AVC sont souvent permanents car les cellules cérébrales mortes ne sont pas remplacées.

2 Les facteurs de risque

L'hypertension artérielle

C'est le principal facteur de risque ; **elle multiplie par 10 le risque d'AVC ischémique**. La tension artérielle correspond à la pression exercée par le sang sur les parois des artères.

L'hypertension artérielle se définit par une élévation trop importante de pression dans les artères, élévation qui persiste alors que le sujet est au repos.

Le tabagisme

Il double le risque d'AVC ischémique.

À court terme, le tabac favorise le rétrécissement des artères, la formation de caillots et l'apparition de troubles du rythme cardiaque. À long terme, le tabac abîme peu à peu les artères.

L'obésité abdominale

La présence de graisse au niveau abdominal est un facteur de risque. On parle d'obésité abdominale lorsque le tour de taille dépasse 88 cm chez la femme et 102 cm chez l'homme.

L'alimentation et la sédentarité

Une alimentation trop riche et la sédentarité, c'est-à-dire moins de 30 minutes d'exercice physique par jour, sont des facteurs aggravants.

Le diabète, l'alcoolisme, le cholestérol

Le diabète, l'alcoolisme ou un taux élevé de cholestérol dans le sang favorisent les AVC.

3 Deux différents types d'AVC

- **Les AVC ischémiques (85 %)** : il s'agit de l'interruption de la circulation du sang par un caillot qui bouche une artère à destination du cerveau.
- **Les AVC hémorragiques (plus rares)** : l'arrêt de la circulation du sang est dû à la rupture d'une artère du cerveau, déclenchant une hémorragie intracérébrale ou entraînant une hémorragie méningée. La cause principale des AVC hémorragiques est une tension artérielle élevée. Dans certains cas, la rupture peut survenir sur une anomalie préexistante de l'artère : un **anévrisme** ou une **malformation artério-veineuse**.

 # info
AVC, tous concernés
foucherconnect.fr/22admissionas16

4 Les manifestations de l'AVC

» Une déformation de la bouche. Exemple : lorsque la personne sourit, le sourire n'est pas symétrique.

» Une faiblesse d'un côté du corps, bras ou jambe. Exemple : lorsqu'on demande à la personne de lever les 2 bras devant elle, l'un des bras ne peut pas être levé ou rester en hauteur, il retombe.

» Des troubles de la parole. Exemple : lorsqu'on demande à la personne de répéter une phrase, elle a des difficultés à parler ou à comprendre.

» Un problème de vision, même temporaire. Exemple : perte de la vue d'un œil ou vision double.

5 Les séquelles et les complications

Les AVC sont souvent responsables de séquelles lourdes, l'accident pouvant toucher des grandes fonctions neurologiques, allant d'une récupération totale à une perte d'autonomie importante ; ce qui entraîne de nombreuses difficultés de réinsertion. La principale complication est la survenue d'un nouvel AVC.

Les séquelles d'un AVC peuvent être multiples, comme :

- une paralysie (hémiplégie) ou une faiblesse d'un côté du corps (hémiparésie) ;
- des problèmes de vision ;
- des troubles de la parole, de l'écriture ou de la compréhension orale ;
- des troubles de la déglutition ;
- une incapacité à reconnaître ou à utiliser des objets familiers ;
- une fatigue ;
- une dépression ;
- une difficulté à apprendre et à mémoriser une information nouvelle.

IMPORTANT

Un signal d'alerte : l'accident ischémique transitoire (AIT)
Il arrive que l'accident ne dure que quelques dizaines de seconde ou quelques minutes : on parle alors d'accident ischémique transitoire (AIT), qui peut annoncer la survenue d'un accident définitif. Il se traduit par au moins un des 3 signes d'alerte :
- engourdissement du visage ;
- engourdissement ou perte de force d'un bras ;
- troubles de la parole et de la vision.

Ces signes disparaissent en quelques minutes. Cela signifie qu'il y a un obstacle à la circulation du sang dans le cerveau. L'urgence et la nécessité d'une prise en charge adaptée sont identiques, car le risque de faire un AVC dans les 24 heures est élevé. Il faut appeler en urgence le centre 15 (Samu) ou le 112 (numéro d'urgence européen) depuis un téléphone fixe ou depuis un téléphone portable même bloqué ou sans crédit (appel gratuit).

6 Les chiffres-clés (Santé publique France 2019)

- 35 000 AIT par an.
- 150 000 AVC chaque année (dont 15 000 personnes de moins de 45 ans).
- 1 AVC toutes les 4 minutes (80 % à cause d'une ischémie, 20 % à cause d'une hémorragie).
- 30 000 décès : 30 % des personnes décèdent dans l'année qui suit l'AVC, 70 % garderont des séquelles, 30 % deviennent dépendants dans la vie de tous les jours, 25 % ne reprendront jamais d'activité professionnelle.
- Deuxième cause de mortalité chez la femme et troisième chez les hommes ; les AVC font 2 fois plus de morts que la circulation automobile, et ont touché, en 20 ans, 4 fois plus de personnes que le sida.
- Première cause de handicap acquis non traumatique en France et deuxième cause de démence après la maladie d'Alzheimer.
- 30 % à 43 % des victimes d'AVC récidivent dans les 5 ans.
- Le quart des AVC concerne des personnes de moins de 65 ans, la moitié des personnes de 65 à 84 ans et un autre quart, des personnes d'au moins 85 ans.
- L'AVC est la 3e cause de décès et la 2e cause de démence.
- Cas particulier de l'AVC chez l'enfant : une des 10 principales causes de mortalité infantile : 500 à 1 000 cas par an.

7 Les traitements et la rééducation

A| La prévention

Cinq mesures préventives :

- 1. Contrôler sa pression artérielle : l'hypertension artérielle est le principal facteur de risque d'AVC (50 % des hypertendus ignorent qu'ils le sont) ;
- 2. Manger sainement : 5 fruits et légumes par jour, du poisson régulièrement, préparer soi-même à manger, consommer des aliments peu salés ;
- 3. Contrôler son cholestérol tous les 5 ans (< 1,6 g/L) ;
- 4. Avoir une activité physique : marcher au moins 30 minutes par jour ;
- 5. Arrêter de fumer : la consommation de cigarettes multiplie par 2 le risque d'AVC ischémique cérébral.

B| Le traitement en urgence

- La **thrombolyse** (à moins de 4 h 30 après la survenue de l'AVC ischémique) consiste à dissoudre le caillot qui bouche l'artère cérébrale. Elle permet de rétablir la circulation du sang et l'apport en oxygène au niveau du cerveau, et donc de limiter la lésion cérébrale et ses séquelles. Plus ce traitement est mis en place rapidement, moins les séquelles de l'AVC ischémique sont importantes.
- La **thrombectomie** (à moins de 6 heures après la survenue de l'AVC ischémique) est une technique de neurologie qui consiste à retirer le caillot dans l'artère bouchée et éviter 1 handicap sur 3 ou 4. Cependant, tous les centres vasculaires ne sont pas en capacité de proposer ce traitement.

C| Le traitement préventif après un AIT ou un AVC

- Traitement médicamenteux pour éviter la récidive (antihypertenseurs, anticoagulants...).
- Traitement d'une éventuelle maladie cardiovasculaire.

D| La rééducation

Elle est essentielle pour regagner un maximum d'autonomie et éviter l'apparition d'autres complications : la récupération des différentes fonctions ; la rééducation de la marche ; la rééducation du membre supérieur ; l'orthophonie ; l'utilisation optimale des fonctions restantes : par exemple, si la main dominante a été touchée et reste déficitaire, il faut développer l'habileté de l'autre main pour qu'elle prenne le relais pour maintenir l'écriture, la toilette, l'habillage...

8 Les mesures gouvernementales

Le plan d'actions national AVC 2010-2014 (dernier en date) a permis d'améliorer la qualité de la prise en charge des malades atteints d'AVC, de structurer l'intervention rapide et adaptée en urgence de toute suspicion d'AVC et de favoriser la limitation des séquelles.

L'année 2015 a vu un déploiement homogène de 135 unités neurovasculaires (UNV) sur l'ensemble du territoire. Dans les zones non couvertes, les victimes d'AVC peuvent être prises en charge dans des structures d'urgence par des urgentistes spécialement formés à la thrombolyse et reliés 24 h sur 24 à une UNV par télémédecine.

À SAVOIR **Question possible**

- Les AVC sont la première cause de handicap des adultes en France. Pensez-vous que la population est suffisamment informée ?

FICHE 9 LA MALADIE D'ALZHEIMER

Avec le vieillissement de la population, de plus en plus d'hommes et de femmes semblent se plaindre de troubles de la mémoire. L'amélioration des conditions de prise en charge des malades souffrant d'Alzheimer est un enjeu national.

Thèmes associés : les maladies psychiatriques, le handicap, la dépendance.

1 Définition

A| Maladie d'Alzheimer et démence sénile

1| La démence

C'est un terme général qui regroupe toutes les pertes de mémoire et d'autres capacités intellectuelles.

2| La maladie d'Alzheimer

C'est la forme la plus connue de démence, 70 % de l'ensemble des démences de la personne âgée. C'est une **maladie neurodégénérative**.

 # info
Comprendre la maladie d'Alzheimer
foucherconnect.fr/22admissionas08

Elle affecte progressivement et insidieusement l'autonomie et les fonctions cognitives de l'individu (mémoire, langage, raisonnement, apprentissage, résolution de problèmes, prise de décision, perception, attention). Physiologiquement, elle se caractérise par l'accumulation progressive d'une protéine, la bêta-amyloïde, qui va former des plaques dites amyloïdes entre les neurones du cerveau. Ces plaques entraînent progressivement le dysfonctionnement des neurones et leur mort.

Il n'existe aucun traitement curatif, ni aucun traitement préventif. La maladie s'aggrave au fil du temps et entraîne la perte irréversible des fonctions mentales et notamment de la mémoire car ce sont les neurones localisés dans la région de l'hippocampe qui sont les premiers atteints ; puis d'autres zones sont touchées avec une disparition progressive des capacités d'orientation dans le temps et dans l'espace, de reconnaissance des objets et des personnes, d'utilisation du langage, de raisonnement, de réflexion.

La maladie d'Alzheimer apparaît plus souvent chez les personnes âgées (elle est rare avant 65 ans) mais elle n'est pas une conséquence normale du vieillissement.

2 Les origines

A| Les causes

Les **causes exactes** de la maladie d'Alzheimer restent encore inconnues. Des facteurs génétiques et environnementaux contribueraient à son apparition et à son développement.

B| Les facteurs de risque

- L'âge et le sexe : les personnes âgées sont les plus touchées, notamment les femmes.
- Une prédisposition aux risques vasculaires.
- Le diabète, l'hypertension, le tabac.
- Les antécédents familiaux seulement dans 1 % des cas.

3 Le diagnostic

La vitesse et l'évolution de la maladie sont variables d'un individu à l'autre, ce qui rend difficile tout pronostic précis.

A| Des tests cognitifs

Le plus fréquent, le *Mini Mental Status Examination* (MMSE), peut donner une première orientation. Ce test comprend plusieurs parties visant à évaluer plusieurs capacités cognitives : orientation (dans le temps et les lieux), apprentissage et mémoire (apprendre trois mots et les répéter plusieurs minutes plus tard), attention et calcul (épeler un mot à l'envers…), langage (nommer un objet montré par le praticien, suivre une consigne simple, écrire une phrase entière…) et la « praxie constructive » (reproduire des formes dessinées ayant un lien spatial entre elles).

B | Des marqueurs biologiques

Il est aujourd'hui possible de mesurer 3 marqueurs dans le liquide céphalorachidien (LCR), accessible grâce à une ponction lombaire. L'imagerie cérébrale (IRM) permet également d'aider au diagnostic de la maladie d'Alzheimer, y compris à un stade précoce. L'IRM permet d'observer des anomalies cérébrales associées à la maladie. Un test sanguin pour aider au diagnostic est en cours de recherche.

4 Les symptômes

- **Amnésie** : perte totale ou partielle de la mémoire. Le premier trouble qui apparaît dans la maladie d'Alzheimer concerne principalement la mémoire épisodique (oublier des événements récents, des rendez-vous, ne plus savoir se repérer dans une ville pourtant familière, etc.) puis la mémoire à long terme qui a pour finalité essentielle de garder l'information longtemps et enfin la mémoire sémantique (les connaissances).
- **Aphasie** : perte de la faculté à s'exprimer ou à comprendre le langage. Le malade a des difficultés ou ne peut plus communiquer.
- **Apraxie** : difficulté à effectuer des gestes concrets. La personne devient incapable d'exécuter des gestes simples, acquis tout au long de la vie.
- **Agnosie** : troubles de la reconnaissance des visages, des objets, des sons, des goûts. Le malade ne peut plus reconnaître ce qu'il voit, touche, sent, entend.
- **Troubles des fonctions exécutives** : incapacité à réaliser des tâches complexes, qui demandent de la réflexion.
- **Changements d'humeur et de comportement**, voire changement de personnalité. La personne était confiante et ouverte, elle peut devenir renfermée, méfiante et craintive, elle a besoin d'être constamment encouragée pour reprendre goût à la vie.

5 Les conséquences

Les personnes atteintes de cette maladie souffrent parfois de rejet de la part de la société et de leur famille car il y a à terme une dépendance physique, intellectuelle et sociale majeure.

C'est la principale cause de dépendance lourde des personnes âgées et d'entrée en institution ; actuellement, 40 % des malades y vivent.

6 Les aidants familiaux ou accompagnants

Ce sont souvent le conjoint et/ou les enfants de la personne malade.

Comme l'objectif est que la personne garde un maximum de repères, il faut souvent **adapter le logement** (ôter les tapis et les meubles instables, sécuriser les lieux, étiqueter les placards pour renseigner sur leur contenu, aider à visualiser en repeignant les portes d'une certaine couleur...) pour aider la personne à se repérer et lui permettre ainsi de rester dans son environnement habituel.

Les **soins** et la **prise en charge** du malade au jour le jour entraînent souvent une détresse psychologique ainsi qu'une fatigue extrême : les aidants assistent peu à peu à la disparition progressive de l'être tel qu'ils l'ont connu, ils doivent l'accompagner dans ses gestes du quotidien, veiller à ce qu'il se nourrisse correctement et régulièrement, qu'il prenne bien ses médicaments...

Et par-dessus tout, il est essentiel de rassurer le malade, car celui-ci est souvent anxieux. Il faut lui éviter les situations stressantes, choisir des activités simples, ne pas le corriger s'il tient des propos incohérents, maintenir la communication : parler lentement, calmement.

7 Les chiffres-clés (France Alzheimer 2019)

- En 1906, Aloïs Alzheimer, médecin allemand (1864-1915), met en évidence cette maladie dégénérative liée à l'âge : les cerveaux autopsiés présentaient des lésions nerveuses.
- 1 200 000 personnes souffrent de la maladie d'Alzheimer aujourd'hui en France, c'est la quatrième cause de mortalité.
- 225 000 personnes diagnostiquées chaque année.
- 3 millions de personnes sont concernées (si on inclut les proches aidants) 1 français sur 2 a une personne diagnostiquée dans son entourage.
- 225 000 nouveaux cas sont diagnostiqués chaque année soit 1 cas toutes les 2 min 30 :
  - 1 cas sur 3 au stade précoce ;
  - 1 malade sur 2 ignore qu'il est atteint de la maladie d'Alzheimer ;
  - 2 % sont des sexagénaires, 16 % des octogénaires et 41 % des nonagénaires.
- 2 malades sur 3 sont des femmes.
- 40 % vivent en institution, 60 % à leur domicile.

- 550 000 personnes sont suivies médicalement et 350 000 bénéficient d'une prise en charge.
- Il existe 500 lieux d'accueil, 10 000 aidants familiaux et 6 000 professionnels du soin et du service à la personne.
- Le coût global estimé de la prise en charge annuelle de la maladie d'Alzheimer (base 2015) en France est de 32 milliards d'euros.
- En 2040, on prévoit 11 millions de personnes âgées de 75 ans et près de 5 millions de plus de 85 ans (soit 3 fois plus qu'aujourd'hui) et on estime à 2,2 millions les personnes atteintes de la maladie d'Alzheimer si rien ne change.

8 Les traitements et la prévention

A| Les traitements

Deux familles de médicaments sont utilisées **seulement pour ralentir** le développement des troubles cognitifs associés à la maladie d'Alzheimer : les **anticholinestérases** et les **antiglutamates**.

France Alzheimer a mené un sondage à la suite du déremboursement de ces médicaments anti-Alzheimer auquel plus de 2 500 personnes ont répondu : 80 % des personnes interrogées n'approuvent pas, 70 % n'envisagent pas d'arrêter et, pour celles qui ont interrompu, 52 % ont constaté une aggravation précipitée des troubles cognitifs.

D'autres médicaments peuvent être ponctuellement prescrits pour traiter certains troubles liés à la maladie (dépression, troubles du sommeil, etc.) Les traitements non médicamenteux sont : la stimulation cognitive, la rééducation orthophonique, la kinésithérapie.

B| L'accompagnement des malades

L'**aide à domicile** est le recours à un auxiliaire de vie, à une aide-ménagère ou à un service de portage de repas pour assurer un soutien au quotidien à la personne malade.

L'**accueil de jour** est une structure accueillant les personnes malades à la journée. Ces structures proposent des activités visant à maintenir l'autonomie et à stimuler les fonctions cognitives des personnes malades.

L'**hébergement temporaire en établissement** est une solution temporaire avant un retour à domicile ou transitoire avant une entrée définitive en établissement.

L'**accueil en établissement** est l'évolution de la dépendance d'une personne atteinte de la maladie d'Alzheimer quand le maintien à domicile est difficile, voire impossible. Il existe des structures spécifiques pour l'accueil des malades d'Alzheimer en établissement : les unités Alzheimer. Les patients y sont accueillis dans un cadre sécurisé et adapté, dans lequel ils peuvent déambuler sans danger.

C| L'accompagnement des aidants

L'aidant principal est le conjoint dans 52 % des cas et l'un des enfants dans 33 % des cas. Des aides ont été mises en place : soutien psychologique, formation au rôle d'aidant familial, suivi médical spécifique et soutien financier.

D| La recherche

Moins développée que pour le sida ou le cancer, la recherche française sur la maladie d'Alzheimer et les maladies apparentées peut s'appuyer sur de nombreuses collaborations internationales (Europe, Canada, Australie, États-Unis) pour découvrir :

- de nouveaux facteurs de risques génétiques et environnementaux ;
- de nouveaux moyens de dépistage ;
- de nouveaux traitements : plusieurs essais cliniques sont tournés vers l'immunothérapie.

E| La prévention

Les chercheurs estiment qu'1 cas sur 3 pourrait être évité par une prévention adaptée :

- alimentation saine type régime méditerranéen ;
- activité physique régulière ;
- prendre soin de son cœur et de ses vaisseaux ;
- stimulation intellectuelle et sociale.

À SAVOIR **Questions possibles**

- « Demain, peut-être, les généticiens programmeront des bicentenaires à la chaîne. Dès aujourd'hui, il est possible, non seulement de vivre plus vieux, mais aussi de rester jeune plus longtemps en jouant sur notre mode de vie, particulièrement sur notre alimentation. » Qu'en pensez-vous ?
- 36 % des aidants aux personnes atteintes de maladie d'Alzheimer décèdent avant les patients. Que vous inspire ce constat ?

FICHE 10

L'ALCOOLISME

L'alcoolisme est une maladie reconnue par l'Organisation mondiale de la santé (OMS) qui la définit comme « des troubles mentaux et du comportement liés à l'ingestion fréquente d'alcool éthylique ». L'alcool est ancré dans la culture française, sa consommation touche toute la société : mortalité, morbidité, violences, accidents domestiques, accidents de la route, accidents du travail, précarisation, etc.

Thèmes associés : la violence envers les femmes, le cancer, les accidents cardio-vasculaires, les AVC, la précarité.

1 Définition

L'alcoolisme ou alcoolodépendance ou encore éthylisme est une dépendance à l'alcool éthylique ou éthanol contenu dans les boissons alcoolisées.

2 L'alcool éthylique, éthanol ou alcool pur

Malgré une grande variété de goûts et de couleurs, une seule et même substance provient de la fermentation de fruits, de grains ou de tubercules et agit de manière spécifique sur l'organisme. L'indication en degré ou en % correspond à la quantité d'alcool pur contenue dans 100 mL. Ainsi, si une boisson fait 35° (ou est concentrée à 35 %), cela signifie que 100 mL de cette boisson contiennent 35 mL d'alcool pur.

Plus le degré est élevé, plus la boisson est concentrée en alcool pur.

IMPORTANT

Tableau des correspondances
1 ballon de vin à 12° (10 cL) = 1 verre de pastis à 45° (2,5 cL) = 1 verre de whisky à 40° (2,5 cL) = 1 coupe de champagne à 12° (10 cL) = 1 verre d'apéritif à 18° (7 cL) = 1 demi de bière à 5° (25 cL).

3 La consommation

A| La consommation

En janvier 2019, de nouvelles recommandations sont publiées par Santé publique France : limiter sa consommation à 2 verres par jour maximum avec au moins 2 jours d'abstinence dans la semaine et ne pas consommer plus de 10 verres par semaine. Près d'un Français sur 4 de 18 à 75 ans dépasse au moins l'un de ces trois repères, plus les hommes (1/3) que les femmes (1/7) et 3,5 % dépassent même les trois repères.

En cas de surconsommation au long cours, les risques sont importants car tous les alcools sans exception – vins compris – deviennent toxiques pour le foie, les nerfs, le cerveau, sans oublier un risque très accru de cancer.

B| L'alcoolémie

C'est le taux (ou concentration) d'alcool dans le sang. Elle s'exprime en grammes d'alcool pur par litre de sang (g/L). L'alcoolémie varie en fonction de la quantité d'alcool consommée, de la corpulence, du sexe, de la vitesse de consommation mais également par le fait d'avoir mangé ou non. De manière générale, un verre standard d'alcool fait augmenter l'alcoolémie de 0,20 à 0,25 g/L.

IMPORTANT

Quand on boit un verre, l'alcoolémie atteint son maximum environ 1 heure après ou 30 minutes si on n'a pas mangé depuis plus de 2 heures ; puis elle commence à baisser. Il faut alors compter environ 1 heure 30 pour éliminer chaque verre d'alcool.

Après consommation, l'alcool est absorbé tel quel au niveau de l'intestin grêle et passe dans le sang. En quelques minutes, il est transporté dans tout l'organisme, notamment au niveau du cerveau.

4 Les effets produits

L'alcool est un produit psychoactif qui modifie la conscience et les perceptions :

- consommé à faibles doses, il procure une sensation de détente et d'euphorie. Il désinhibe, libère la parole. Les réflexes commencent à diminuer ;
- consommé à plus fortes doses, l'alcool provoque l'ivresse qui se traduit par une mauvaise coordination des mouvements, une élocution troublée, une diminution de la vigilance, un état de somnolence, etc. L'ivresse entraîne également des pertes de mémoire allant jusqu'au trou noir ;
- à très fortes doses, la somnolence peut aller jusqu'au coma éthylique et peut provoquer la mort.

5 L'addiction à l'alcool

A| La dépendance

Elle est liée à un usage répété, excessif et compulsif. On parle de dépendance lorsque la personne est devenue incapable de réduire ou d'arrêter sa consommation, elle en perd le contrôle et devient tolérante aux effets négatifs.

Cette dépendance s'accompagne de difficultés majeures d'ordre relationnel, social, professionnel, sanitaire, judiciaire.

B| Les conséquences

- **Sur la santé** : L'addiction est une maladie chronique et hautement récidivante surtout sur un terrain anxieux ou dépressif. Elle entraîne de nombreuses complications hépatiques (cirrhoses), cardiovasculaires (hypertension artérielle, AVC) et neurologiques (atteinte du cerveau, des nerfs) ; elle est particulièrement cancérigène : voies aérodigestives supérieures (bouche, pharynx, œsophage et larynx), côlon-rectum, sein, foie.
- **Sur la société** :
  - Les conséquences de la consommation excessive d'alcool sont l'un des tous premiers motifs d'hospitalisation en France et le coût estimé de ces hospitalisations s'élève à près de 3,6% de l'ensemble des dépenses hospitalières.
  - Le coût social de l'alcool est estimé à 120 milliards d'euros : 95 % de ressources gaspillées (valeur des vies humaines perdues, dégradation de la qualité de vie, pertes de production) ; 5 % pour les finances publiques (dépenses de prévention, répression et soins, économie de retraites non versées).

En 2010, les taxes sur les alcools (3,2 milliards d'euros) ne représentent que 37 % du seul coût des soins (8,6 milliards d'euros).

Le coût annuel pour les finances publiques est de 4,9 milliards d'euros par an.

C| Le syndrome de sevrage

Il survient 6 à 48 heures après un sevrage alcoolique et se dissipe (sauf complications) sous 2 à 5 jours. Il se caractérise par un état de malaise : tremblements, anxiété, agitation, dépression, nausées… pouvant aller jusqu'aux crises de convulsion et évoluer vers un *delirium* (plus connu sous la dénomination *delirium tremens*).

Le risque de récidive est élevé et prolongé après une période d'abstinence ou de réduction.

6 Les comportements liés à l'alcool

A| Chez les jeunes

À forte dose, l'alcool permet au cerveau de s'adapter à cette consommation et d'en amoindrir les effets. Or, jusqu'à l'âge de 20 ans, le cerveau n'a pas terminé sa maturation et la consommation d'alcool perturbe son développement normal et augmente le risque de dépendance.

Du *binge drinking* (consommation massive d'alcool dans un temps très court avec une recherche intentionnelle et organisée d'ivresse) à la neknomination (mise en scène sur Internet avec publication sur les réseaux de consommation « cul sec » de boissons alcoolisées), la consommation excessive d'alcool est banalisée chez les jeunes, entraînant des conséquences néfastes sur la santé des adolescents : diminution des capacités d'apprentissage et de mémorisation à long terme, impulsivité accrue, impact sur l'apprentissage des émotions, l'anxiété et l'humeur, sans compter l'augmentation du risque de dépendance.

B| L'alcool et la grossesse

L'alcool passe du sang maternel vers le sang du fœtus, à travers le placenta, et agit sur le fœtus. Plus la consommation d'alcool se produit au début de la grossesse, plus les risques pour le fœtus sont importants. L'alcoolisation fœtale est la première cause non génétique de handicap mental chez l'enfant. La recommandation actuelle est de ne consommer aucun verre d'alcool pendant la grossesse car les connaissances scientifiques actuelles ne permettent pas de déterminer un niveau de consommation d'alcool qui serait sans risque pour l'enfant à naître.

C| L'alcool au volant

L'alcool est la première cause d'accidents de la route, il est en cause dans 1/3 des accidents mortels. Ces accidents surviennent principalement la nuit (2 sur 3) et le week-end (1 sur 2) avec une dominante au petit matin pour les jeunes de 18 à 24 ans.

À partir de 0,5 g/L dans le sang, la conduite est interdite ; 0,2 g/L pour les jeunes conducteurs et les conducteurs de véhicules de transport en commun.

Le refus de se soumettre au dépistage du taux d'alcool est un délit sanctionné comme une alcoolémie supérieure à 0,8 g/L dans le sang.

D| L'alcool et la violence

La violence s'exerce :

- envers les autres (bagarres, violences domestiques, violences sexuelles, maltraitances d'enfants, violences dans les services d'urgence hospitalière, dans l'armée ou le monde sportif) ;
- envers soi-même (gestes auto-agressifs, suicide).

Diverses recherches internationales indiquent que l'alcool représente la substance psychoactive la plus fréquemment associée aux violences entre les personnes (plus que tous les autres produits psychoactifs cumulés, légaux ou illégaux).

À SAVOIR

Une femme ayant un conjoint fréquemment ivre voit sa probabilité d'être victime de violences conjugales multipliée par 15 par rapport à une femme dont le conjoint ne l'est jamais.

7 Les chiffres-clés (Académie nationale de médecine 2019)

- Pour la première fois depuis plus de 50 ans, la consommation d'alcool ne baisse plus en France (80,7 litres par an et par foyer en 2007 contre 70,7 litres en 2017).
- Le vin est la boisson la plus consommée : 58 % contre 21 % pour les spiritueux et 20 % pour la bière.
- C'est la deuxième cause de mortalité évitable après le tabac : 41 000 décès soit 7 % du nombre total annuel et la deuxième cause d'hospitalisation médicale.
- La moyenne journalière est de 2,6 verres, soit 12 litres d'alcool pur consommés par an et par habitant âgé de 15 ans ou plus.
- L'alcool est directement impliqué dans 40 % des violences faites aux femmes et aux enfants et dans 1/3 des décès par accident de la route.
- C'est la première cause évitable de mortalité chez les 15-30 ans, de retard mental de l'enfant et de démence précoce.
- 80 % des jeunes de 17 ans en ont consommé au cours des 30 derniers jours : les bières et les prémix (boissons dont le taux en alcool est masqué par des ajouts de sucres et d'arômes) sont les boissons les plus populaires.
- 53 % des jeunes de 17 ans déclarent une alcoolisation ponctuelle importante (API) au cours du mois écoulé.
- 7 jeunes âgés de 18 à 24 ans perdent la vie sur les routes de France dans un accident lié à l'abus d'alcool et plus de 27 sont blessés.
- 32 % des femmes enceintes ont consommé au moins une fois de l'alcool pendant la grossesse, mais seules 3 % déclarent une consommation hebdomadaire.

8 Les actions gouvernementales

- La **loi Evin** promulguée en 1991 constitue aujourd'hui en France le pivot du dispositif légal de lutte contre le tabagisme et contre l'alcoolisme. Elle ne prohibe pas la publicité des boissons alcooliques mais l'encadre strictement quant à son contenu et à son support.
- **Différentes orientations publiques** : cadre légal réprimant l'ivresse publique ; renforcement des mesures de protection des mineurs (la vente d'alcool est interdite à tous les mineurs et non plus aux seuls mineurs de moins de 16 ans) ; durcissement continu du contrôle de l'alcoolémie au volant ; intensification du discours sur le dépistage de l'alcool au travail ; restriction croissánte du commerce de l'alcool ; modération de la publicité en faveur des boissons alcoolisées.
- Le **plan d'action régional Europe 2012-2020** pour la réduction de l'usage nocif d'alcool vise la réduction des risques.
- Le **plan national de mobilisation contre les addictions 2018-2022** a plusieurs objectifs :
  - protéger dès le plus jeune âge ;
  - mieux répondre aux conséquences des addictions pour les citoyens et la société ;
  - améliorer l'efficacité de la lutte contre le trafic ;
  - renforcer les connaissances et favoriser leur diffusion ;
  - renforcer la coopération internationale ;
  - créer les conditions de l'efficacité de l'action publique sur l'ensemble du territoire.
- Santé publique France a lancé en mars 2019 une campagne avec un slogan « Pour votre santé, l'alcool c'est maximum 2 verres par jour, et pas tous les jours » fondé sur les nouveaux repères de consommation.
- L'Académie, l'OMS, l'INCA, la Cour des comptes, la Haute Autorité de santé et nombre d'associations et de spécialistes ont contribué à attirer l'attention de façon répétée sur la nécessité d'une action efficace contre l'alcoolisation dans un pays qui reste un des plus forts consommateurs d'alcool au monde. Les propositions sont :
  - bannir la publicité pour l'alcool suivant les principes initiaux de la loi Évin ;
  - apposer des indications claires, lisibles et contrastées sur les contenants : la quantité d'alcool en grammes, le nombre de calories (les boissons alcooliques en sont exemptées alors que l'alcool d'un verre apporte à lui seul environ 70 calories), « l'alcool est dangereux pour la santé » (et non le seul excès), dissuader, grâce à un pictogramme, de toute consommation la femme enceinte ou qui désire l'être ;
  - taxer les boissons alcooliques au gramme d'alcool ;
  - établir un prix minimum de vente par gramme d'alcool (comme en Écosse).

9 Les traitements et la prévention

A| Le traitement de la dépendance

Une prise en charge psychologique, sociale et médicale individualisée reste fondamentale.

1| La psychothérapie

Le traitement repose essentiellement sur une modification des liens environnementaux et sociaux avec ou sans appui de médicaments. L'objectif est d'atteindre une abstinence totale et à vie ou au moins le retour à une consommation contrôlée.

2| Les médicaments

Après traitement, seulement un tiers des patients reste abstinent à un an. Les médicaments agissent au niveau du cerveau en compensant certaines perturbations induites par l'alcool.

- Le Nalméfème : remboursé depuis 2014, il diminue l'envie de boire.
- Le Baclofène : au départ une molécule mise sur le marché en 1974 pour traiter les contractures musculaires d'origine neurologique ; le Dr Olivier Ameisen, en 2008, raconte comment il s'est lui-même libéré de son addiction grâce à ce médicament. En 2014, l'ANSM lui accorde une recommandation temporaire d'utilisation (RTU) valable pour 3 ans, dans la prise en charge de l'alcoolisme ; en 2018, il dispose d'une autorisation de mise sur le marché et il est commercialisé depuis juin 2020.
- D'autres médicaments sont en cours de recherche mais ne pourront jamais guérir seuls l'alcoolisme.

3| Les groupes de parole

Ce sont des groupes d'entraide qui offrent accueil, disponibilité, respect de soi et des autres, non-jugement, non-conseil, et où chaque participant peut partager son vécu dans la confiance et la confidentialité. Ces groupes de parole sont en général mixtes et fonctionnent de manière régulière.

Il existe également des groupes de parole pour les « familiers » (parents, enfants, conjoints) de personne alcoolique. Ces groupes proposent des partages d'expérience, des témoignages sur leurs difficultés.

Mise en place de Alcool Info Service 0 980 980 930 : appel anonyme et non surtaxé 7j/7 de 8 h à 2 h qui offre la possibilité de faire le point sur sa consommation d'alcool.

B| La recherche pluridisciplinaire

Les axes de recherche couvrent plusieurs domaines : épidémiologie, sciences sociales, neurosciences, neurobiologie ou encore cancérologie :

- les mécanismes liés à la dépendance au niveau du cerveau et notamment les structures impliquées dans l'addiction : plusieurs molécules sont en cours d'expérimentation ;
- les mécanismes de développement des maladies organiques associées ;
- la génétique : envisager une approche pharmacogénétique dans le développement accru de pathologies comme la cirrhose ou l'hépatite chez certains alcoolo-dépendants.

À SAVOIR Questions possibles

- L'alcool et les jeunes : qu'en pensez-vous ?
- Les mesures de prévention contre la consommation d'alcool en direction des jeunes vous paraissent-elles suffisantes ?

FICHE 11

LE DON D'ORGANES

De la naissance à l'âge le plus avancé, les besoins en greffon ne cessent de croître. Cette hausse de la demande est liée à une technicité médicale de mieux en mieux maîtrisée permettant d'envisager une greffe dans des situations de plus en plus diverses. Cependant, le don d'organes n'est pas suffisamment pratiqué en France et reste un sujet délicat.

Thèmes associés : les maladies chroniques, la bioéthique, la mort.

1 Définition

Une greffe (ou transplantation) est le remplacement dans le corps humain d'un organe défectueux. On peut parler :

- d'**autogreffe** : le greffon provient du patient lui-même ;
- d'**allogreffe** (ou homogreffe) : le greffon provient d'un donneur ;
- de **xénogreffe** : le greffon provient d'une autre espèce (par exemple animale) ; ce type de greffe n'est pas viable à ce jour.

2 Le donneur d'organes

Tout sujet en état de mort encéphalique est un donneur potentiel. Il n'y a pas de limite d'âge : ce sont les circonstances du décès, les examens des sérologies et des antécédents médicaux qui valident la possibilité de don d'organes et de tissus.

IMPORTANT

La mort encéphalique est l'arrêt de toute activité cérébrale suite à un accident vasculaire cérébral, un arrêt cardiaque ou un traumatisme crânien. Cet état est irréversible car le cerveau est irrémédiablement détruit. Pour une bonne conservation des organes, la circulation sanguine, la température du corps et la respiration par assistance respiratoire doivent être maintenues. Parfois, cela n'est possible que pendant quelques heures. Le seul critère est la qualité des organes prélevables.

3 L'anonymat et la gratuité

L'équité du système repose sur plusieurs principes :

- toute rémunération en contrepartie du don est interdite ;
- le nom du donneur ne peut pas être révélé au receveur et, de même, le nom du ou des receveurs ne peut pas être communiqué à la famille du donneur. Toutefois, celle-ci peut être informée des organes et des tissus qui ont été prélevés ainsi que du résultat des greffes.

4 Le consentement présumé

Le don d'organes repose, depuis la loi Caillavet de 1976, sur le principe du « consentement présumé » : chaque Français est considéré comme un donneur potentiel après sa mort, à moins de s'y être opposé de son vivant en s'étant inscrit (par courrier) dans le Registre national des refus, ce registre devant être obligatoirement consulté par les médecins. Si rien n'est indiqué, ils se tournent ensuite vers la famille pour que celle-ci accepte ou refuse le prélèvement.

Depuis janvier 2017, les personnes refusant le don peuvent s'inscrire (en ligne) sur le Registre national des refus géré par l'Agence de la biomédecine. La décision est modifiable à tout moment. Si aucune démarche n'est connue, ce sont toujours les proches qui sont interrogés.

À savoir : un enfant a accès dès 13 ans au Registre national des refus.

5 Le receveur

C'est le médecin qui inscrit son patient sur la liste d'attente gérée par l'Agence de la biomédecine. Les malades pouvant être amenés à recevoir une greffe d'organes sont les personnes atteintes de malformation cardiaque, de mucoviscidose, d'insuffisance rénale terminale, de certains cancers en fonction de l'évolution de la maladie, de l'efficacité des traitements prescrits, de l'état de santé général du malade.

La greffe d'organes peut même représenter pour certaines pathologies le seul traitement, mais l'attente peut parfois durer des mois, voire des années, augmentant le risque de décès faute de greffe.

6 Les organes et les tissus greffés

- Le **prélèvement de son vivant** : principalement les cellules de moelle osseuse ; le rein ; la peau et des fragments osseux ; un lobe hépatique ou un lobe pulmonaire (exceptionnel).
- Le **prélèvement après la mort** : cœur, foie, rein ; bloc cœur-poumon ; poumon, pancréas.

7 Le circuit du don à la greffe

L'Agence de la biomédecine orchestre 24 heures sur 24 l'attribution des organes, au travers du Pôle national de répartition des greffons en fonction :

- des priorités médicales (des critères d'urgence sont définis pour les enfants, les receveurs dont la vie est menacée à très court terme, les receveurs pour lesquels la probabilité d'obtenir un greffon est très faible) ;
- des déplacements géographiques auxquels sont soumis les greffons.

Une intervention chirurgicale permet de prélever les organes et les tissus. Les organes sont conditionnés à 4 °C, puis transportés très rapidement vers les hôpitaux où sont pratiquées les transplantations. Les tissus sont conservés dans des banques qui gèrent leurs distributions.

8 Le don de son vivant

La loi autorise le don et le prélèvement d'organes ou de tissus de son vivant pour les organes qui se régénèrent (comme le foie) ou pour lesquels on peut vivre avec une partie seulement (rein, poumon). Ce don ne peut se faire que :

- dans un intérêt thérapeutique ;
- pour une personne appartenant à sa famille, sa famille élargie, la personne avec laquelle on vit en couple depuis au moins 2 ans, ou toute personne avec laquelle on entretient un lien affectif et stable depuis au moins 2 ans ;
- après avoir été informé des risques encourus ;
- après avoir exprimé son consentement devant le président du tribunal de grande instance.

Aucun prélèvement n'est autorisé sur les mineurs.

 # info
Journée mondiale du don d'organes
foucherconnect.fr/22admissionas25

9 Les chiffres-clés (données 2019)

- 5 901 greffes d'organes réalisées (25 % d'augmentation en 8 ans).
- 26 116 personnes en attente d'une greffe (chiffre également en augmentation).
- 1 924 donneurs d'organes post-mortem (chiffre en baisse) alors que le nombre de morts encéphaliques progresse : 3 539 (+ 2,7 %).
- Sur les greffes réalisées : 3 643 greffes de rein : le rein est l'organe le plus greffé avec une hausse de 53 % sur 20 ans (45 % des personnes atteintes d'insuffisance rénale chroniques ont été greffées) ; 1 355 greffes de foie : la greffe du foie a augmenté de plus de 66 % sur 20 ans ; 425 greffes de cœur : la greffe du cœur diminue en raison de l'amélioration de techniques alternatives ; 384 greffes de poumon : la greffe de poumon a augmenté de 32 % depuis 2010 grâce à des critères de prélèvement redéfinis en profondeur ; 9 greffes cœur-poumon ; 107 greffes du pancréas et 1 des intestins (pratiques plus rares).
- La moyenne d'âge des donneurs reste stable : 58 ans.
- Le taux d'opposition (refus de prélèvement) se maintient autour de 30,5 % depuis la loi de 2017 mais reste très élevé.
- La greffe à partir de donneur vivant est en baisse (– 6 %) avec 525 greffes.

10 Les actions gouvernementales

Les premiers textes de lois relatifs au don d'organes datent de 1887. La législation a rapidement évolué pour aboutir en 1994 à la première **loi de bioéthique**, révisée en 2004 puis modifiée le 7 juillet 2011, faisant du don d'organes une **priorité nationale**.

- **Le décret du 1er janvier 2017** ne modifie pas les 3 grands principes de la loi de bioéthique qui sont le consentement présumé, la gratuité du don, et l'anonymat entre le donneur et le receveur mais précise 3 modalités de refus.
- **Le troisième plan greffe 2017-2021** a pour objectif d'évaluer les besoins des patients pour améliorer la planification de l'offre de soins et viser à l'harmonisation des pratiques d'inscription en liste d'attente.
- Une **journée nationale** dédiée au don et à la greffe d'organes a lieu chaque année le 22 juin depuis plus de 10 ans.

 # info
Nouveau décret sur le don d'organes
foucherconnect.fr/22admissionas24

- **Adoption définitive du projet de loi bioéthique en 2021** : amélioration de l'accès à la greffe ; le don croisé d'organes prélevés sur personnes vivantes sera facilité ; les possibilités de dons de moelle osseuse de la part d'un mineur ou d'un majeur protégé au profit de ses père et mère seront élargies.

11 Les perspectives

A| Les problématiques rencontrées

La demande de greffe est de plus en plus importante ; elle est due au vieillissement de la population, à l'évolution de la prise en charge médicale des patients et à la découverte de nouveaux traitements antirejet. Les pouvoirs publics ont aussi à lutter contre un trafic d'organe illégal et clandestin.

B| Les solutions alternatives

L'Agence de la biomédecine a également décidé en 2010 d'encourager les greffes rénales à partir de donneurs vivants, une pratique qui était fortement développée dans le nord de l'Europe et dans les pays anglosaxons. Cette stratégie a porté ses fruits puisque celles-ci ont représenté, en 2015, près de 16 % des greffes de rein totales. L'activité a plus que doublé en 5 ans et la barre symbolique des 500 greffes rénales à partir de donneurs vivants a été franchie en 2014.

C| Les avancées technologiques

Les **prothèses artificielles** : de grandes avancées, comme l'imprimante 3D qui permet de réaliser des prothèses ; à ce jour, aux États-Unis, 3 trachées pour bébés et, en test, glande thyroïde, prothèses auditives, peau et tissu musculaire.

Les **appareils d'assistance cardio-circulatoire** sont pour le moment considérés comme des solutions d'attente. De vrais « cœurs artificiels » ont été greffés sur des personnes sans succès mais avec allongement de la durée de vie.

La **thérapie cellulaire** : plusieurs équipes de chercheurs travaillent actuellement à une nouvelle application de la greffe cellulaire qui consiste à réparer un organe en utilisant des cellules souches.

Impact de l'épisode de pandémie : l'agence de biomédecine reconnaît que la covid-19 a eu un impact certain sur l'activité de greffe d'organes au 1er semestre 2020 mais assure que tout est mis en œuvre aujourd'hui pour que les transplantations puissent avoir lieu, dans les meilleures conditions.

À SAVOIR Questions possibles

- « Le don d'organes : le don de vie, quoi de plus beau ! Donner la vie sans penser qu'un jour elle pourrait être rendue. Préserver ce joyau de solidarité qu'est le don bénévole et anonyme ». Que pensez-vous de ce propos ? Développez et argumentez.
- Le don d'organes est gratuit en France contrairement à d'autres pays. Qu'en pensez-vous ?

FICHE 12 LES MALADIES MENTALES

Les troubles psychiques et les épisodes de souffrance psychique concernent toutes les populations sans distinction d'âge, de sexe ou de milieu social. Ils sont associés à une forte mortalité. Ils peuvent mettre la personne en situation de handicap et détériorer sa qualité de vie ainsi que celle de ses proches. C'est une cause majeure de santé publique.

Thèmes associés : la santé mentale, le handicap, le suicide.

1 Définition

Les maladies mentales touchent au psychisme de l'individu et affectent ses pensées ou son comportement. Les origines de ces maladies sont diverses et varient d'une personne à l'autre, mais on peut retrouver des facteurs communs comme le stress environnemental ou les antécédents génétiques. Ces perturbations provoquent différentes sensations de malaises, des bouleversements émotifs et/ou intellectuels, de même que des difficultés de comportement.

2 Les principales maladies

Les **5 maladies mentales** les plus connues sont la **schizophrénie**, les **troubles bipolaires**, la **dépression majeure**, les **troubles de la personnalité** et les **troubles obsessionnels compulsifs (TOC)**. Mais il existe également les troubles de l'alimentation (anorexie, boulimie), les troubles du développement (autisme) et les troubles addictifs (alcoolisme et autres dépendances).

A| La schizophrénie

C'est un trouble cérébral qui affecte la capacité d'une personne à faire la distinction entre la réalité et sa propre perception des événements. La pensée, les comportements et l'humeur sont affectés et peuvent provoquer de fausses interprétations des événements, de l'agitation, voire, dans les cas les plus graves, des hallucinations et des délires.

Les symptômes les plus invalidants sont le retrait social et les difficultés cognitives (problèmes de concentration et de mémoire).

Cette maladie survient habituellement à l'adolescence et s'installe progressivement durant plusieurs années. Le risque suicidaire est très élevé.

B| Les troubles bipolaires (ou psychose maniacodépressive)

Ils se caractérisent par une alternance de périodes d'extrême excitation (manie) et d'autres de dépression dont l'intensité est variable.

Ces épisodes de crises sont entrecoupés de rémissions sans aucun symptôme qui peuvent durer des jours, des mois ou des années et pendant lesquels une vie normale est possible. Perdre le contact avec la réalité et entendre des voix (dans 15 % des cas) sont des troubles que l'on peut observer à la fois en période de manie et de dépression.

Les causes exactes du syndrome maniaco-dépressif sont inconnues. Il s'agit souvent d'une pathologie à tendance familiale.

1| Les épisodes maniaques

Ils sont marqués par une humeur euphorique, une énergie permanente et démesurée, une activité débordante, voire une grande agitation, une surestimation de ses capacités, un sommeil réduit à quelques heures sans entraîner de fatigue, un accroissement de l'appétit sexuel.

La personne pose un jugement erroné sur la réalité et ne s'aperçoit pas du caractère anormal de son état.

2| Les épisodes dépressifs

Ils sont marqués par des symptômes que l'on retrouve dans les autres formes de dépression : tristesse, perte d'intérêt pour toutes choses, irritabilité, troubles du sommeil, manque d'énergie, troubles de la mémoire ou de la concentration, troubles de l'appétit, pensées de mort et de suicide.

C| La dépression majeure

C'est une dépression sévère et persistante qui ne disparaît pas d'elle-même alors qu'elle est souvent associée par l'entourage à une faiblesse ou à une perte de contrôle.

Elle affecte la mémoire, le jugement, et a un impact sur la façon de se sentir, de penser, de manger, de dormir et d'agir.

On retrouve un désintérêt pour les activités habituelles, une modification de l'appétit et du poids, des problèmes de sommeil, une baisse de libido, une sensibilité accrue, une perte d'estime de soi, un manque de concentration, une lenteur d'esprit, de l'anxiété, des idées suicidaires et parfois des hallucinations.

Les personnes qui en sont atteintes doivent être traitées pour éviter que les symptômes ne s'aggravent.

D| Le trouble de la personnalité limite ou « borderline »

C'est une maladie mentale qui affecte l'image de soi, les relations interpersonnelles et l'humeur. La personne a des comportements inadaptés, ses relations avec les autres sont souvent très instables.

Les membres de l'entourage sont amenés à vivre une variété d'émotions souvent intenses : découragement, impuissance, colère, angoisse, peur, etc.

E| Les troubles obsessionnels compulsifs (TOC)

1| Les caractéristiques

Ils touchent jusqu'à 3 % de la population : enfants, adolescents ou adultes.

Ce sont des troubles anxieux caractérisés par des pensées (obsessions) et des comportements (compulsions) inappropriés qui oscillent entre perfectionnisme exagéré et rituels angoissants.

Ce trouble de la pensée et du comportement débute par de l'anxiété et des incertitudes qui, contre toute volonté, se transforment en obsessions, des pensées et des images répétitives.

2| Les obsessions typiques

Elles concernent la peur des microbes, la peur de se blesser, le doute, des pensées récurrentes d'ordre sexuel ou religieux, la peur de commettre des actes scandaleux...

3| Les compulsions typiques

Elles concernent la propreté excessive, le classement, le dénombrement, la répétition sans cesse d'un mot, le besoin de toucher, de vérifier plusieurs fois, de collectionner...

3 Les facteurs de risque

A| Un événement extérieur

Certains événements douloureux peuvent favoriser l'apparition d'une maladie mentale comme la perte d'un être cher, un divorce, la perte d'un emploi, un accident ou une maladie grave, des difficultés économiques, une mauvaise santé physique ou des handicaps.

B| Une origine familiale

Des antécédents familiaux de maladie mentale, une enfance marquée par des abus physiques, sexuels ou psychologiques, des épisodes antérieurs de maladie mentale, des traumatismes psychologiques ou une accumulation importante de stress peuvent également favoriser le développement de troubles mentaux.

C| Une origine biologique

Grâce à la technologie moderne, le fonctionnement du cerveau est de mieux en mieux compris. Certaines substances, identifiées par les chercheurs, comme la sérotonine (un neurotransmetteur), jouent un rôle important dans le développement des maladies mentales telles que la dépression.

4 Les conséquences

Le regard porté sur la maladie mentale est péjoratif : elle fait peur car elle est méconnue, c'est une souffrance soigneusement cachée (on peut côtoyer des personnes atteintes de phobie sans même s'en rendre compte).

Une personne atteinte sur trois seulement consulte un professionnel de la santé ce qui entraîne un retard au diagnostic (jusqu'à 10 ans après les premiers symptômes).

Les maladies mentales s'accompagnent de souffrances importantes pour le patient et ses proches et se traduisent souvent par une désinsertion sociale, familiale et professionnelle. Ces maladies sont responsables de décès prématurés (suicides, addictions, conduites à risque, maladies somatiques).

L'impact économique et social est considérable.

5 Les chiffres-clés

- Première cause mondiale de handicap, les maladies mentales touchent plus d'1 adulte sur 4 en France, soit 27 % de la population.
- 58 % des Français sont affectés de près ou de loin par les maladies mentales.
- 15 % des 10-20 ans ont besoin d'un suivi ou de soins.
- Les pathologies relevant de la psychiatrie se situent au troisième rang des maladies les plus fréquentes, après le cancer et les maladies cardio-vasculaires.
- 2/3 des Français s'estiment insuffisamment informés sur la santé mentale et les troubles.

- Les troubles mentaux représentent le premier poste de dépenses du régime général de l'assurance maladie par pathologie, avant les cancers et maladies cardiovasculaires, soit 19,3 milliards d'euros.
- 47 % des Français associent les maladies mentales à des dénominations négatives : débile, attardé, aliéné, dément...
- La dépression touche 2,5 millions de Français chaque année, soit 15 % de la population.
- La schizophrénie touche 2 % de la population ; elle représente 20 % des hospitalisations psychiatriques et 1 % des dépenses totales de santé.
- 10 % à 13 % des patients souffrant de schizophrénie se suicident, et 20 % à 50 % commettent des tentatives de suicide au cours de leur vie.
- Les troubles bipolaires touchent 1 % de la population et sont généralement diagnostiqués à l'âge adulte, vers 30 ans.
- Les troubles de personnalité affectent 1 % de la population, apparaissent au début de l'âge adulte et touchent davantage de femmes que d'hommes.
- Les troubles obsessionnels compulsifs (TOC) touchent environ 2 % de la population (enfants, adolescents ou adultes).
- Dans la moitié des cas, les troubles mentaux commencent avant l'âge de 14 ans.

6 Les actions gouvernementales

- **Santé publique France** met en œuvre des activités de veille et de surveillance de la santé mentale selon 3 grands axes : surveillance de la population générale, surveillance de la population des travailleurs et surveillance spécifique lors de catastrophes naturelles ou industrielles. Elles portent essentiellement sur les troubles dépressifs et anxieux, les suicides et les tentatives de suicide et, chez les enfants, sur les troubles envahissants du développement (TED).
- La **feuille de route pour la santé mentale et la psychiatrie (janvier 2019)** s'articule autour d'un plan global déclinant 37 actions selon trois grands axes :
  - promouvoir le bien-être mental, prévenir et repérer précocement la souffrance psychique, et prévenir le suicide ;
  - garantir des parcours de soins coordonnés et soutenus par une offre en psychiatrie accessible, diversifiée et de qualité ;
  - améliorer les conditions de vie et d'inclusion sociale et la citoyenneté des personnes en situation de handicap psychique.

 # info
Feuille de route : santé mentale et psychiatrie
foucherconnect.fr/22admissionas26

- **Le programme pluriannuel psychiatrie et santé mentale 2018-2023** de la HAS fait suite au programme 2013-2017 et présente 4 thèmes : droits et sécurité en psychiatrie ; troubles mentaux sévères et persistants et handicap physique ; pédopsychiatrie ; annonce du diagnostic en psychiatrie.

- Les **lois du 5 juillet 2011 et du 27 septembre 2013** réforment la loi du 27 juin 1990 relative aux droits et à la protection des personnes faisant l'objet de soins psychiatriques et aux modalités de leur prise en charge, que ce soit pour le dispositif d'hospitalisation d'office (lorsque l'ordre public est menacé) ou le dispositif d'hospitalisation à la demande d'un tiers (lorsque le patient présente un danger pour lui-même). Ce qui change :
  - la mise en place d'une période d'observation « légale » de 72 heures qui permet de s'assurer que le patient bénéficie de soins adaptés à son état de santé. Durant cette période, le patient est en hospitalisation complète et la décision de soins sans consentement est déjà prise ;
  - la création d'un programme de soins quand le patient n'est pas en hospitalisation complète. Il remplace les anciennes sorties d'essai. Désormais, seules des sorties de courte durée (inférieures à 12 heures) sont autorisées, le patient devant être accompagné d'un membre de sa famille, d'une personne de confiance ou d'un agent de l'hôpital ;
  - le contrôle systématique par le juge des libertés et de la détention (JLD) des hospitalisations complètes. Ce contrôle intervient au plus tard au terme des 15 jours d'hospitalisation complète continue, puis au plus tard au bout de 6 mois d'hospitalisation complète continue.

7 Les traitements et la prévention

A| Les traitements courants : médications et thérapies

- Médications : antidépresseurs, antipsychotiques, anxiolytiques.
- Thérapie comportementale et cognitive : elle aide les malades à reconnaître les comportements qui ont une action négative et à les remplacer par des comportements positifs.
- Thérapie interpersonnelle qui aide le patient à réévaluer sa relation avec les autres et à faire face à des problèmes particuliers, tels que le chagrin, les conflits, le passage d'un rôle social ou professionnel à un autre.
- Thérapie de relaxation qui aide la personne à apprendre des techniques pour libérer la tension au niveau du corps et de l'esprit.
- Thérapie de groupe.
- Traitements complémentaires : musicothérapie, art-thérapie, thérapie par le jeu, thérapie de lumière, aromathérapie, acupuncture, homéopathie, massage thérapeutique...

B| La prévention

- Prévention **primaire** (avant l'apparition de la maladie) : réduire l'incidence d'une maladie.
- Prévention **secondaire** (au tout début de la maladie) : s'opposer à l'évolution de la pathologie (dépistage, diagnostic et traitement précoce).
- Prévention **tertiaire** (la maladie chronique) : réduire les complications, les invalidités ou les rechutes consécutives à la maladie.

8 La recherche

Il existe un déficit d'investissement dans la recherche : seulement 2 % du budget de la recherche biomédicale publique et privée (contre 20 % pour le cancer).

À SAVOIR Questions possibles

- Une nouvelle épidémie invisible existe : dépression, tentatives de suicide, épuisement professionnel, accidents du travail. Qu'en pensez-vous ?
- Une personne sur 4 sera touchée par la dépression dans son existence. Que pensez-vous de ce phénomène ?
- La manière dont une société se préoccupe de ceux qui sont les plus vulnérables traduit à la fois les valeurs qui la fondent et la manière dont elle met en pratique ces valeurs. Quelle réflexion cette pratique vous suggère ?

FICHE 13

LES ACCIDENTS DOMESTIQUES

Les accidents domestiques ne sont pas une fatalité, ils sont la conséquence d'un manque de vigilance ou d'anticipation du risque. Les professionnels des urgences estiment que 8 fois sur 10, ils auraient pu être évités.

Thème associé : le handicap.

1 Définition

Les accidents domestiques font partie des **accidents de la vie courante (AcVC)**. On entend par accident de la vie courante un traumatisme non intentionnel qui n'est ni un accident de la circulation, ni un accident du travail. Les AcVC regroupent donc :

- les accidents domestiques, se produisant à la maison ou dans ses abords immédiats : jardin, cour, garage et autres dépendances ;
- les accidents scolaires, incluant les accidents survenant lors du trajet, durant les heures d'éducation physique et dans les locaux scolaires ;
- les accidents de sport ;
- les accidents de vacances et de loisirs ;
- les accidents survenant à l'extérieur : dans un magasin, sur un trottoir, ...

Le **risque d'accident domestique** et notamment d'accident grave est **accru aux âges extrêmes de la vie** : avant 5 ans et après 70 ans.

2 Les différents types d'accidents

A| Chez les enfants

1| L'étouffement

Un nourrisson peut s'étouffer principalement dans son lit (la prévention de la mort subite du nourrisson met en garde contre la présence d'oreillers, de couettes, de peluches et d'autres objets). À partir de 6 mois, l'enfant commence à mettre les choses dans sa bouche et peut s'étouffer en avalant de petits aliments ou des petits objets. Puis, en grandissant, il peut s'étrangler en jouant avec un collier, un cordon, ou s'étouffer avec un sac plastique.

2| La noyade

Il suffit de quelques minutes pour qu'un enfant se noie dans 20 cm d'eau, que ce soit dans la baignoire ou dans une piscine. Même en position assise, il peut glisser et ne peut souvent pas se redresser.

3| La chute

C'est le principal risque d'accident des enfants de 0 à 6 ans à la maison. Les causes sont variées : les enfants peuvent chuter de la table à langer, de la chaise haute, du canapé ou du lit des parents, dans les escaliers et par la fenêtre.

4| Les intoxications

Elles ont lieu par ingestion de médicament ou de produit ménager et de bricolage.

5| Les brûlures

Les risques de brûlures sont multiples : brûlure occasionnée par le contact avec un liquide ou aliment chaud (biberon, soupe, café, thé, huile), par les flammes (quand l'enfant veut jouer avec le feu, des allumettes, près d'une cheminée), par objets chauds (équipements ménagers, casseroles chaudes) ou encore par de l'eau trop chaude au moment du bain ou même du lavage des mains. Les brûlures peuvent avoir des conséquences et des séquelles graves.

Il faut seulement 3 secondes pour qu'un bébé se brûle au 3e degré avec de l'eau à 60 °C.

Il y a **3 degrés de brûlure** :

- 1er degré : peau juste rouge, sans plaie ni ouverture. ;
- 2e degré : cloques et bulles même percées ;
- 3e degré : peau insensible et cartonnée, noire ou blanche.

6 | L'électrocution

L'enfant n'a aucune conscience des risques que l'électricité représente. Il a souvent tendance à vouloir porter à sa bouche la prise d'une rallonge ou mettre les doigts à l'intérieur ou d'y glisser de petits objets en métal.

B | Chez les personnes âgées

1 | La chute

C'est le **risque principal**. Un tiers des personnes âgées de 65 ans et plus et vivant à domicile chutent chaque année. Les femmes sont quasiment 2 fois plus nombreuses à chuter que les hommes et cette proportion augmente avec l'âge. Ces chutes engendrent un nombre important de fractures de la hanche ou du col du fémur et par conséquent des hospitalisations.

Les conséquences physiques et psychologiques sont importantes : diminution de la mobilité, perte de confiance en soi, limitation des activités quotidiennes, déclin des capacités fonctionnelles et mise en péril du maintien à domicile.

2 | Les facteurs de risque

- Le mauvais respect de la prise médicamenteuse (automédication, utilisation de 4 médicaments ou plus…).
- La diminution de la mobilité, la perte d'équilibre, la faiblesse musculaire…
- La peur de chuter, notamment dans les escaliers.
- L'utilisation de moyens auxiliaires (canne, déambulateur).
- La prise inconsidérée de risques : monter sur une chaise ou sur une échelle.
- Une alimentation insuffisante ou inadéquate, la consommation d'alcool.
- Des troubles cognitifs tels que les dégénérescences cérébrales.

3 Les chiffres-clés

A | Tous âges confondus

- Les accidents domestiques représentent 61 % des AcVC.
- 4,5 millions de recours aux urgences et 500 000 hospitalisations pour 12 millions d'accidents de la vie courante par an.
- Troisième cause de mortalité après les cancers et les maladies cardiovasculaires.
- 20 000 décès (soit 3 à 5 fois plus que la route), dont 15 000 personnes de plus de 65 ans.

- 6 millions de blessés, 21 000 décès et 1 million d'hospitalisations par an.
- Les chutes représentent les 3/4 des accidents domestiques et plus de 50 % des décès : 26 chutes mortelles par jour, 17 traumatismes crâniens par heure.
- Suffocations et asphyxies : 3 000 décès par an (15 % des décès).
- Noyades : 1 300 par an dont les 3/4 suivies de décès.
- Intoxications : 1 400 décès (dont 600 par médicament et 300 par monoxyde de carbone).
- Brûlures : 15 000 victimes dont 500 décès.
- Morsures : 600 000 victimes.
- 1 doigt sectionné par une alliance accrochée chaque jour.

B| Les enfants

Les accidents domestiques constituent la première cause de décès des enfants de moins de 15 ans.

1| De 0 à 15 ans

- 15 % des enfants sont victimes d'un accident domestique.
- 1,7 million d'accidents entraînent une consultation aux urgences.
- 254 décès d'enfants, le plus souvent par chute, noyade ou étouffement.
- 100 000 enfants sont victimes d'une morsure de chien, 250 d'une défénestration et 15 000 enfants sont intoxiqués.

2| De 0 à 6 ans

- Première cause de décès chez les enfants de moins 6 ans : suffocation et asphyxie.
- 15 % des décès par noyade chaque année.
- Plus de 300 décès par an (64 % des décès de 0 à 15 ans)
- 2 000 enfants victimes d'accident chaque jour
- 740 000 accidents ayant entraîné une consultation aux urgences par an. Certaines victimes gardent des séquelles qui sont souvent à l'origine de handicaps sérieux.
- Les accidents les plus courants : intoxications, suffocations, brûlures et contusions.
- Les lieux à risque :
  - pour les enfants de moins de 1 an, les accidents surviennent davantage dans la cuisine, la chambre et la salle de bain ;
  - pour les enfants de 1 à 4 ans, ils ont le plus souvent lieu dans la cuisine et la salle de séjour.

L'intérieur de la maison est le lieu principal d'accident pour cette tranche d'âge (80 %) et principalement dans la cuisine, la cour ou le jardin. L'âge augmentant, ces accidents diminuent et surviennent de plus en plus à l'extérieur de la maison.

C | Les personnes âgées

- Sur les 15 000 décès annuels, 8 300 sont causés par une chute, 88 % concernent des personnes âgées de 65 ans et plus et 60 % sont des personnes de plus de 75 ans.
- En cas de fracture, 40 % des seniors se retrouvent en institution.

4 Les actions gouvernementales

A | Une politique de prévention

- La **loi de santé publique du 9 août 2004** a fixé 2 objectifs :
  - l'objectif 93 ayant trait aux accidents de la vie courante chez les enfants et les adolescents ;
  - l'objectif 99 concernant les chutes des personnes âgées.
- La **prévention en France** est organisée selon 3 axes :
  - la **communication à visée préventive** : l'INPES organise chaque année des campagnes d'information (prévention des accidents domestiques des enfants, des noyades, des accidents de vélo et des incendies domestiques) ;
  - le **recueil de données épidémiologiques**, afin de mieux connaître l'origine et le type d'accidents ; l'InVS est chargé de ce volet ;
  - l'élaboration et la mise en œuvre de **recommandations**, de **normes** et de **réglementation**, qui relèvent de l'action des pouvoirs publics, de l'AFNOR et de la Commission de la sécurité des consommateurs (CSC).
- Des **campagnes de prévention** avec 6 thèmes prioritaires :
  - la sécurité des enfants. Exemple, en 2009, la campagne « Protégez votre enfant » ;
  - la sécurité des pratiquants de sports de loisirs. Exemple ; en 2010, la campagne « J'apprends à me protéger » pour des vacances en toute sécurité ;
  - la sécurité des personnes en situation de handicap visuel ou auditif ;
  - la prévention des incendies domestiques. Exemple, en 2013, la campagne « Pas d'accidents dans ma maison » ;
  - la prévention des chutes au domicile des personnes âgées ;
  - l'épidémiologie des accidents de la vie courante.
- En 2020, pendant le confinement, l'association des assureurs français « Assurance prévention » a lancé la campagne : #RestonsChezNous#EnTouteSécurité.

» En 2021, Santé publique France publie de nouvelles données sur les accidents de la vie courante survenus chez les moins de 15 ans en France : enquête permanente 2014-2018.

 # info
Enquête permanente sur les accidents de la vie courante
foucherconnect.fr/22admissionas27

» Des **documents de référence** à télécharger sur la prévention des accidents domestiques, des accidents de la vie courante, des accidents de sport et de loisirs.

B| Des mesures de prévention à la portée de tous

La plupart des accidents domestiques seraient évitables grâce à des mesures de prévention souvent simples à mettre en œuvre :

 # info
Les réflexes à avoir
foucherconnect.fr/22admissionas09

- l'**aménagement du logement** et de ses dépendances en sécurisant les installations et les équipements :
  - pour les enfants : mettre des barrières devant les escaliers, bloque-ouvertures aux fenêtres, vérifier qu'il n'y ait aucun meuble sur lequel l'enfant pourrait grimper sous les fenêtres, sous la rambarde du balcon...,
  - pour les personnes âgées : sécuriser les escaliers, dégager les couloirs de circulation (meubles bas, tapis...) ;
- la **pédagogie** :
  - informer et éduquer les parents sur l'importance des risques d'accidents en impliquant tous les acteurs de la santé (infirmiers scolaires, médecins généralistes y compris dans les crèches et les écoles) et les accompagner pour renforcer leur vigilance auprès des jeunes enfants, principalement jusqu'à 6 ans,
  - éduquer les enfants le plus tôt possible sur les risques de dangers, avec des mots simples, tout en les laissant découvrir et explorer leur environnement,
  - insister sur l'importance de la formation de la population aux gestes de secours.

À SAVOIR Questions possibles

- 10 000 décès pourraient être évités si plus de Français étaient formés aux gestes d'urgence. Qu'en pensez-vous ?
- Citez les différents risques d'accidents domestiques et expliquez-les en vous appuyant sur des exemples.
- Les accidents domestiques seraient la cause principale de mortalité infantile en France. Que pensez-vous de cette situation ? Quels moyens pourrait-on mettre en œuvre pour les prévenir ?

FICHE 14

L'EUTHANASIE

Mot venu du grec et qui signifie « la mort douce », l'euthanasie n'est pas légale en France. Elle fait débat dans notre société et divise l'opinion publique depuis de nombreuses années : certains veulent continuer à l'interdire et d'autres l'autoriser en la légalisant ou en la dépénalisant.

Thèmes associés : les soins palliatifs, le suicide.

1 Définition

L'euthanasie est un acte qui consiste à mettre fin à la vie d'une personne, à sa demande. Elle est dite **active**, quand la mort est due à l'administration directe d'un produit létal, ou **passive**, lorsque c'est l'arrêt des soins et des traitements qui provoque la mort, parfois au bout de quelques jours.

L'**euthanasie** s'oppose donc totalement à l'acharnement thérapeutique, qui consiste en la réalisation d'actes médicaux dans le but de maintenir obstinément en vie une personne incurable.

On distingue 3 types d'euthanasies :

- l'**euthanasie volontaire** : soit le patient est en pleines capacités mentales et physiques au moment où il demande de l'aide pour mourir, soit il a exprimé précédemment son souhait ;
- l'**euthanasie non volontaire** : le patient n'a plus la capacité mentale et physique de demander de l'aide pour mourir et on ignore quelle aurait été sa volonté ;
- l'**euthanasie involontaire** : la personne a eu l'occasion d'exprimer son opposition à cette décision, elle s'apparente à un meurtre.

2 Le suicide médicalement assisté

Interdit en France, mais autorisé dans certains pays comme la Suisse, le suicide assisté ou « aide au suicide » se distingue de l'euthanasie par le fait que c'est le patient lui-même qui déclenche sa mort et non un tiers.

Cet acte interdit consiste à procurer au patient un environnement et les moyens nécessaires pour accomplir son suicide.

3 Les soins palliatifs

Il ne faut surtout pas les confondre avec l'euthanasie même si, pour soulager la douleur, il arrive aux soignants d'user de doses d'analgésiques ou d'antalgiques qui risquent de rapprocher le moment du décès.

Leur objectif n'est pas de provoquer le décès, mais d'accompagner le patient en lui prodiguant des soins de confort et de nursing destinés à préserver la meilleure qualité de vie possible jusqu'à la mort.

Les soins palliatifs sont délivrés par une équipe pluridisciplinaire et doivent notamment soulager la douleur, apaiser la souffrance psychique, sauvegarder la dignité de la personne malade et soutenir son entourage.

4 Les grandes affaires médiatisées

L'euthanasie peut bouleverser l'opinion publique et provoquer des réactions très virulentes, chacun prenant fait et cause pour ce qui lui semble le plus juste. Plusieurs affaires ont été au centre de l'actualité ces dernières années (les affaires Vincent Humbert, Laurence Tramois, Chantal Sébire, Nicolas Bonnemaison, Anne Bert, Vincent Lambert).

IMPORTANT

Seuls les 3 pays du Benelux (Pays-Bas, Belgique et Luxembourg) ont dépénalisé le fait de donner intentionnellement la mort à une personne qui en fait la demande.
La Belgique est le seul pays au monde où l'euthanasie pour les mineurs est prévue dans la loi.

5 Quelques chiffres

- En 2013 (il n'existe aucun chiffre plus récent), le directeur de l'Ined évalue que l'euthanasie représente 0,6 % du total des décès, soit 2 024 euthanasies sur 550 000 décès et indique que 2 000 personnes souffrant de maladie grave se suicident.
- Aucun suicide médicalement assisté n'est déclaré.
- Les Français et l'euthanasie (chiffres 2016 Le Figaro.fr) :
  - 80 % des Français sont favorables à l'euthanasie pour des patients « en fin de vie » affectés par « des douleurs physiques ou psychologiques intolérables ».

- 76 % se prononcent en faveur du suicide assisté.
- 47 % pensent que la loi autorise l'euthanasie en France.
- 88 % ne connaissent pas la loi Claeys-Léonetti sur la fin de vie.
- 92 % estiment que, lorsque le patient n'est pas en capacité d'exprimer son avis, la décision doit être prise conjointement par le médecin et les proches.
- 94 % répondent oui à la question de savoir si la loi française devrait autoriser les médecins à pratiquer l'euthanasie à la demande des personnes.

6 Les actions gouvernementales

» En **2005**, la **loi Léonetti** relative aux droits des malades et à la fin de la vie énonce principalement que :

- « L'obstination déraisonnable du corps médical et la prolongation artificielle de la vie du patient sont proscrites, y compris lorsque ce dernier est hors d'état d'exprimer sa volonté. Le médecin peut prendre le risque d'abréger la vie du patient en lui administrant une dose de soins palliatifs qu'il juge nécessaire à son confort, à condition d'en informer le patient, éventuellement la personne de confiance ou un proche. »
- « La décision de cesser l'administration d'un traitement doit être collégiale et ne peut être prise qu'après consultation de la personne de confiance, de la famille et des directives anticipées du patient. »
- « La volonté du patient de limiter ou de cesser un traitement doit être respectée. Le patient doit être informé des conséquences de sa décision. »

» En **2010**, l'**Observatoire national de la fin de vie (ONFV)** est créé. Il a pour but d'apporter au débat public des données objectives et fiables quant à la réalité des situations de fin de vie en France et d'éclairer les choix réalisés en matière de politiques sanitaires et sociales.

» En **2016**, la **loi Claeys-Léonetti** accorde de nouveaux droits aux personnes en fin de vie en prévoyant la possibilité de demander une « sédation profonde et continue » jusqu'à son décès et non une piqûre qui conduit immédiatement à la mort comme pour l'euthanasie. Cette sédation n'est possible qu'en cas de maladie incurable, de pronostic vital engagé à court terme, de résistance aux traitements antidouleur... Les personnes majeures peuvent rédiger des « directives anticipées » faisant part de leur volonté de refuser les traitements mais aussi, à l'inverse, de leur volonté de les poursuivre.

» En 2022, le débat sur la fin de vie divise toujours et s'invite dans la campagne présidentielle. Dans les enquêtes d'opinion, une large majorité de Français se montre favorable à une évolution de la législation concernant la fin de vie.

7 Les avis divergents

La notion de droit à la vie fait l'objet de débats religieux, philosophiques, juridiques et moraux.

A| Les « pro-euthanasie »

Les défenseurs de l'euthanasie considèrent qu'il s'agit de préserver la dignité de la personne et qu'elle peut s'inscrire dans une continuité de soins, notamment les soins palliatifs, au moment où ceux-ci ne sont plus suffisants et lorsque le patient la réclame. Comme l'espérance de vie et les moyens scientifiques et techniques de la médecine augmentent, ils introduisent la notion d'acharnement thérapeutique qui peut être vue comme de l'obstination à maintenir en vie les patients quelles que soient les conséquences humaines. Le droit à disposer de son corps et le risque de pratiques clandestines et illégales sont également des arguments des défenseurs de l'euthanasie.

B| Les « anti-euthanasie »

- Ils assimilent l'interruption de la vie dans le cadre de l'euthanasie ou du suicide assisté à un meurtre.
- Ils dénoncent un risque de dérapage et de dérive ; le patient peut subir les pressions morales de ses proches et ne pas être libre de sa décision.
- Ils s'appuient sur les religions qui l'interdisent et le code de déontologie des médecins qui précise que le médecin ne doit pas provoquer délibérément la mort mais soulager les souffrances.
- Ils estiment que c'est inutile au vu des progrès en matière d'anti-douleurs et de tranquillisants (soins palliatifs).

À SAVOIR **Questions possibles**

- **Après l'histoire de Chantal Sébire, que pensez-vous de l'euthanasie ?**
- **Avec le développement des soins palliatifs, la question de l'euthanasie est-elle encore d'actualité ?**

FICHE 15

LA MALTRAITANCE

Que ce soit envers les enfants, les femmes, les personnes âgées ou les personnes vulnérables, la maltraitance se retrouve partout et dans toutes les couches de la société.

Thèmes associés : la santé mentale, le handicap, le suicide.

1 Définition

Maltraiter, c'est infliger des mauvais traitements à des personnes souvent dépendantes et sans défense. La maltraitance peut être physique et/ou psychologique.

En 1987, le Conseil de l'Europe a défini la maltraitance comme une violence se caractérisant « par tout acte ou omission commis par une personne, s'il porte atteinte à la vie, à l'intégrité corporelle ou psychique ou à la liberté d'une autre personne, ou compromet gravement le développement de sa personnalité et/ou nuit à sa sécurité financière ».

La maltraitance peut avoir des conséquences durables sur la santé physiologique et psychique des victimes. On distingue **4 formes de maltraitance** :

- les violences physiques ;
- les violences sexuelles ;
- les violences psychologiques ;
- les négligences lourdes.

Elle se manifeste principalement envers les enfants, les femmes, les personnes handicapées et les personnes âgées.

2 La maltraitance envers les enfants

Un mineur est considéré en situation de maltraitance lorsqu'il est victime de négligences graves, de mauvais traitements, d'exploitation, de violences sexuelles de la part de ses parents ou de tout autre individu (adulte ou mineur).

- **La loi de 2016** qui réforme la protection de l'enfance introduit la notion « d'enfant en danger » et la définit ainsi : « Lorsque la santé, la sécurité ou la moralité du mineur sont en danger ou risquent de l'être, ou lorsque les conditions de son éducation ou de son développement physique, affectif, intellectuel et social sont gravement compromises. »
- **La loi n° 2022-140 du 7 février 2022** relative à la protection des enfants institue une définition législative de la maltraitance en établissement ou service social ou médico-social : Un acte de maltraitance se définit ainsi : tout geste, parole, action ou défaut d'action visant toute personne en situation de vulnérabilité qui compromet ou porte atteinte à son développement, à ses droits, à ses besoins fondamentaux ou à sa santé et qui intervient dans une relation de confiance, de dépendance, de soin ou d'accompagnement.

A| La maltraitance physique

Elle se traduit sous forme de lésions ou d'atteintes physiques :

- ecchymoses, hématomes multiples sur le corps ;
- plaies par griffures, morsures, coups de fouet, de ceinture, circulaires sur les poignets ou chevilles dus à des liens, par instruments tranchants ;
- plaies spécifiques d'abus sexuel : lésions endobuccales et génitales ;
- brûlures : par ébouillantement, par contact (fer à repasser, cigarettes), par ingestion de liquides brûlants ;
- fractures : le plus souvent sur les membres, le crâne ;
- autres lésions : oculaires, otologiques (rupture du tympan), viscérales (rupture de la rate, du foie), hématomes sous-duraux.

B| La maltraitance psychique

Elle se traduit par des carences, des négligences lourdes ou de la cruauté mentale :

- troubles de l'état général : état de dénutrition par carences alimentaires sévères, arrêt du développement staturo-pondéral (cassure de la courbe poids et taille), retard psychomoteur, retard des acquisitions ;
- chez le bébé : troubles du contact, pleurs incessants ;
- chez le jeune enfant : isolement, peur des adultes, troubles du comportement, troubles du sommeil, troubles des conduites alimentaires, troubles sphinctériens ;
- chez l'enfant : tristesse, inhibition, agitation et instabilité ;
- chez l'adolescent : troubles des conduites alimentaires, désinvestissement scolaire, hyperactivité, mise en danger, provocations, isolement, repli sur soi, conduites déviantes (drogues, vols, alcool), fugues, tentatives de suicide.

C| Les différentes causes

Les facteurs prédisposants sont nombreux et peuvent être associés, ce qui augmente le risque de passage à l'acte. Les causes peuvent être liées à :

- l'enfant : enfant handicapé ou prématuré, non désiré, qui pleure de façon persistante, né d'une première union ;
- l'environnement familial : parents présentant des troubles psychologiques ou psychiatriques, ayant été eux-mêmes maltraités, abusant d'alcool ou de drogue y compris pendant la grossesse, en situation de ruptures ;
- l'environnement économique et culturel : logement insalubre, isolement, situation de précarité.

D| Les conséquences de cette maltraitance

- Les conséquences sur le plan médical : traumatismes crâniens, lésions oculaires, otologiques, viscérales, tégumentaires... ; troubles somatiques : difficultés d'endormissement, cauchemars, énurésie, encoprésie, divers maux (de ventre, de tête), anorexie, boulimie, phobies...
- Les conséquences sur le plan du développement : retard de croissance, de langage, psychomoteur...
- Les conséquences sur le plan du comportement : tristesse, inattention, enfant inquiet, baisse d'intérêt pour le jeu, attitude de régression, quête affective auprès de tous mais aussi hyperactivité, agressivité, provocation, délits, fugue, difficultés ou absentéisme scolaires, tentative de suicide, conduites à risque...

À SAVOIR **Cas particulier du syndrome du bébé secoué**

- **Le syndrome du bébé secoué est un traumatisme crânien non accidentel, résultant soit d'un acte intentionnel de violence, soit d'un comportement inapproprié.**
- **Les nourrissons de moins de 6 mois sont particulièrement exposés. Le bébé est violemment secoué dans un mouvement de va-et-vient, en général pour le faire taire : la tête du nourrisson étant lourde et les muscles du cou encore faibles, le cerveau heurte les parois de crâne et des vaisseaux peuvent se rompre. Les conséquences de ces traumatismes peuvent être très graves et entraîner des lésions cérébrales souvent fatales ou des séquelles neurologiques parfois définitives.**

3 La maltraitance envers les personnes vulnérables

Cette forme de maltraitance envers les personnes handicapées et les personnes âgées est connue depuis peu du grand public même si elle a longtemps été sous-estimée. Elle est définie sur le site du ministère chargé de la Santé comme « un acte unique ou répété, ou en l'absence d'intervention appropriée, dans le cadre d'une relation censée être une relation de confiance, qui entraîne des blessures ou une détresse morale pour la personne âgée qui en est victime ».

On distingue également plusieurs formes :

- la **maltraitance physique** : coups, gifles, brutalités diverses, enfermement, violences et abus sexuels pouvant entraîner de graves traumatismes, notamment chez les personnes âgées, plus fragiles, nécessitant une convalescence plus longue ou occasionnant une perte d'autonomie parfois définitive ;
- la **maltraitance psychologique** : langage dévalorisant, menaces verbales, d'abandon, chantages, abus d'autorité, infantilisation, humiliation, privation de visites, punitions provoquant des angoisses, détresse morale, perte de l'appétit, voire anorexie, état dépressif, tentatives de suicide ;
- la **maltraitance matérielle et financière** : vols, extorsion d'argent, escroqueries diverses, restrictions d'achat, économies abusives, privations de la jouissance de biens, détournement d'héritage, mise sous tutelle abusive ;
- la **maltraitance médicale ou médicamenteuse** : manque de soins de base, abus ou privation de médicaments, privation de soins d'urgence, non-prise en compte de la douleur, contentions abusives ;
- la **maltraitance par négligence** :
  - les négligences actives : manque d'aide au quotidien, de stimulation à la marche, de prise de repas, de toilette, d'habillage, de prise de médicaments ; non-respect de l'intimité, limitation de la liberté de la personne,
  - les négligences passives : négligences relevant de l'ignorance ou de l'inattention de l'entourage.

4 La maltraitance envers les femmes

La violence faite aux femmes ne concerne pas une catégorie sociale précise ; elle sévit dans tous les milieux socio-économiques et se rencontre le plus souvent au sein du couple. On distingue :

- la **maltraitance physique** : ecchymoses, coupures, brûlures, os fracturés ;
- les **violences sexuelles** entraînant des risques d'infections sexuellement transmissibles, dont le sida, des douleurs, des infections, des grossesses répétées non désirées ou contre-indiquées ;

- les **violences psychologiques** : faible estime de soi, angoisse profonde, pleurs fréquents, phobies, insomnies, troubles alimentaires, difficultés de concentration et de productivité, dépression, pensées suicidaires.

> **À SAVOIR** **Le cyber harcèlement**
>
> ➲ En augmentation croissante, il touche en majorité les femmes (27 fois plus susceptibles d'être harcelées que les hommes). Il s'agit d'un acharnement souvent haineux et menaçant aux conséquences personnelles et professionnelles. Concernant les jeunes, il est souvent associé au harcèlement scolaire.

5 Les chiffres-clés

A| La maltraitance envers les enfants

Chaque année, en France :

- En 2018, 344 000 mesures d'Aide Sociale à l'Enfance (ASE) dont 52 % de mesures de placement et 48 % d'actions éducatives ;
- 20 000 enfants maltraités (selon les chiffres de police et de gendarmerie) mais 40 à 50 000 d'après les médecins dont 40 % dans la sphère familiale ;
- 23 560 plaintes sont déposées pour violences sexuelles sur les mineurs mais le rapport de la CIVIISE en 2022 annonce 160 000 mineurs victimes chaque année ;
- 70 % des plaintes sont classées sans suite ;
- 122 mineurs victimes d'infanticide, dont 80 dans le cadre intrafamilial (1 enfant tué tous les 4,5 jours par ses parents ou par ses proches) dont les 2/3 avaient mois de 5 ans ;
- 44 % des enfants maltraités ont moins de 6 ans ;
- 60 % des cas de maltraitance sexuelle ont lieu dans la famille des victimes ;
- 46 % des cas de maltraitance sont imputables aux pères ; 25 % aux mères ; 9 % aux beaux-pères ; en 2020, pendant le confinement, l'association « La voix de l'enfant » annonce une hausse de 30 % de cas de maltraitance infantile ;
- 1 Français sur 10 déclare avoir été victime et 60 % n'en avoir jamais parlé à personne ;
- si 80 % des parents maltraitants ont été des enfants maltraités, 80 % des enfants maltraités seront de bons parents.

B| La maltraitance envers les personnes âgées

600 000 personnes sont victimes de maltraitance, soit 5 % des personnes de plus de 65 ans et 15 % des plus de 75 ans.

1 | À domicile

- 83 % des violences à l'égard des personnes âgées sont perpétrées à domicile.
- 73 % des auteurs d'actes de maltraitance sont des membres de la famille, notamment les enfants de la personne maltraitée (64 %) : les fils (38 %), les filles (26 %), le conjoint (13 %), les neveux et nièces (3 %), les gendres ou les belles-filles (7 %).

2 | En établissement

70 % des victimes sont des femmes de plus de 80 ans, maltraitées par des membres du personnel de l'institution (65 %) dont 41 % du personnel soignant.

C | La maltraitance envers les femmes

1 | Violences conjugales

Chaque année, en France :

- 225 000 victimes dont 173 décès en 2019 (146 femmes et 27 hommes) ;
- selon les chiffres officiels, 1 femme sur 10 est victime de violences conjugales et 1 femme meurt tous les 3 jours sous les coups de son conjoint ou concubin ;
- 20 % seulement des victimes (le plus souvent des femmes) portent plainte.
- Officiellement : 50 000 actes de violence par an et seulement 10 000 condamnations pour coups et blessures prononcées.

2 | Violences sexuelles

Chaque année, en France :

- 84 000 femmes âgées de 18 à 75 ans sont victimes de viol ou de tentative de viol et, dans 90 % des cas, la victime connaît son agresseur ;
- 10 % des victimes portent plainte.

6 Les actions gouvernementales

A | Spécifiques aux enfants

Il s'agit de la **réforme de la loi sur la protection de l'enfance** de mars 2007 pour :

- « mettre l'accent et donner la priorité au volet prévention notamment en créant dans chaque département un observatoire de protection de l'enfance, et en renforçant les missions de l'ONED ;
- améliorer et redéfinir le dispositif d'alerte, de signalement et d'évaluation des risques de danger ;
- diversifier les modes d'intervention et d'accompagnement des enfants et de leur famille ».

En juillet 2019, le droit de correction « loi anti-fessée », est supprimé en France. Il datait du XIVe siècle.

B| Spécifique à la maltraitance institutionnelle subie par les personnes âgées

Depuis fin 2008, le taux de contrôle inopiné dans les structures d'accueil a été doublé et s'élève maintenant à 80 %. Les situations de maltraitance font l'objet d'enquêtes judiciaires et administratives pouvant aboutir à la fermeture de l'établissement si nécessaire.

Après les récentes révélations sur des soupçons de maltraitance sur des résidents dans des Ehpad (établissements d'hébergement pour personnes âgées dépendantes), le gouvernement a annoncé plusieurs mesures :

- un plan de contrôle des 7 500 Ehpad mené dans les deux prochaines années. Les enquêtes seront effectuées par les ARS (agences régionales de santé), en lien avec les conseils départementaux ;
- la création d'une plateforme en ligne d'ici 2023 pour que « plus aucun signalement de maltraitance des familles et des professionnels ne soit laissé sans réponse et sans suivi » ;
- un programme de formation à ces thématiques sera intégré dans la formation continue annuelle des 400 000 professionnels d'Ehpad.

 # info

Le 3977 va bénéficier d'un million d'euros supplémentaires.

foucherconnect.fr/22admissionas21

C| Les différents numéros d'appel et d'écoute, gratuits, anonymes et confidentiels

- Le **119** : Allo enfance en danger, joignable 24 heures sur 24 et 7 jours sur 7. C'est un **numéro d'urgence** qui traite 830 000 appels par an, soit environ 2 300 chaque jour. Le 119 doit être affiché dans tous les lieux recevant des mineurs (établissements scolaires, centres de loisirs, cabinets médicaux…).
- Le **3977** : numéro d'appel unique dédié à la lutte contre la maltraitance des personnes âgées. Ce n'est pas un numéro d'urgence. Il reçoit environ 40 000 appels par an.
- Le **3919** : numéro d'appel destiné aux femmes victimes de violences conjugales. Ce n'est pas un numéro d'urgence. Il reçoit environ 50 000 appels par an.
- En 2022, l'association e-Enfance lance, avec le soutien du gouvernement, l'application mobile 3018, pour signaler toute situation de harcèlement et assurer une prise en charge rapide et globale des victimes.
- Le **3018** remplace le 0800 200 200.

D| Les campagnes d'information

Il y a de très nombreuses et régulières campagnes d'information contre les différentes formes de maltraitance, au travers d'affiches, de films éducatifs diffusés largement, y compris sur les réseaux sociaux.

7 Les actions de prévention

- Le plan 2017-2019 pour lutter contre les violences faites aux enfants rappelle que « la famille est aussi le premier lieu dans lequel s'exercent les violences ». Il se concentre sur les violences intrafamiliales (physiques, psychologiques, sexuelles et les négligences) et comprend plusieurs grands axes d'intervention :
  - le rapport 2019 des inspections générales des affaires sociales (IGAS), de la justice (IGJ) et de l'éducation (IGAENR) propose de mieux repérer les signaux d'alerte, de renforcer la formation des professionnels, d'éviter la déperdition des informations d'une école à l'autre ou d'un service à l'autre, de mettre en place dans chaque département une commission d'experts qui serait chargée d'examiner *a posteriori* les cas de décès, afin de les analyser ;
  - le 10 juillet 2019 a été promulguée la loi abolissant les violences éducatives ;
  - l'association Stop VEO Enfance (violence éducative ordinaire) lance une deuxième campagne de sensibilisation pour le premier anniversaire de cette loi « Les mots que je ne te dirais pas » ;
  - le plan de lutte contre les violences faites aux enfants 2020-2022 a pour but de garantir à chaque enfant les mêmes chances et droits avec 6 axes prioritaires : sensibiliser, former et informer ; libérer la parole et favoriser le repérage et signalements ; mieux protéger les enfants au quotidien ; mieux accompagner les enfants victimes ; prévenir le passage à l'acte et éviter la récidive ; développer les enquêtes et la recherche.
- En 2020, pendant l'épidémie de Covid19, de nombreuses associations se sont inquiétées et ont alerté les pouvoirs publics sur les risques, liés au confinement, de voir une augmentation de toutes les formes de maltraitance.
- En 2021, le bilan est déterminant : les violences faites aux femmes ont progressé de 30 %, les cyberviolences de 57 % notamment chez les 15-17 ans et la proportion des admissions d'enfants à l'hôpital pour maltraitance physique, de 50 %. Les violences ont également augmenté dans la population des personnes fragilisées (personnes âgées et personnes lourdement handicapées).
- Le 23 janvier 2021 : création de la CIIVISE (commission indépendante sur l'inceste et les violences sexuelles faites aux enfants).
- Le 4 novembre 2021 : journée internationale, créée en 2020 par l'Unesco à l'initiative de la France, du Mexique et du Maroc pour de sensibiliser et lutter contre la violence et le harcèlement en milieu scolaire, y compris le cyberharcèlement.
- Début 2022, Adrien Taquet, secrétaire d'État chargé de l'Enfance et des Familles, fait le point sur l'avancée des mesures : « Les 22 mesures du plan interministériel de lutte contre les violences faites aux enfants ont permis des avancées majeures dans la prévention, l'accompagnement et la réparation des enfants victimes, il est nécessaire de poursuivre cette lutte dans les années à venir… ».

#info
Plan de lutte contre les violences
foucherconnect.fr/22admissionas22

FICHE 16

LES INFECTIONS NOSOCOMIALES

Les infections nosocomiales font partie des infections associées aux soins (IAS) ; elles apparaissent au cours d'un séjour dans un établissement de santé (hôpital, clinique…). Tous les patients qui séjournent à l'hôpital présentent un risque de contracter une infection.

1 Définition

L'infection est considérée comme nosocomiale si elle était absente au moment de l'admission du patient et si elle apparaît après 48 heures d'hospitalisation. Si elle survient avant, on considère qu'elle était en incubation lors de l'entrée dans l'établissement.

2 L'origine

Ces infections peuvent être :

- directement liées aux soins dispensés au patient (par exemple, l'infection sur cathéter) ;
- secondaire à l'hospitalisation, indépendamment de tout acte médical (par exemple, une épidémie de grippe).

3 Les modes de transmission

Le malade peut être infecté :

- par ses propres germes au cours de certains soins invasifs tels que le sondage urinaire, un acte chirurgical, une respiration artificielle ou en raison d'une fragilité particulière ;

- par les germes d'autres malades : transmission croisée entre malades, transmission par le matériel, par les mains des personnels, par la contamination de l'environnement hospitalier (eau, air, équipements, alimentation...) ;
- **par un manque de pratiques d'hygiène : la cause majeure de la transmission des bactéries est le manque d'hygiène au sein du personnel (absence de lavage des mains, d'utilisation de solution hydroalcoolique...) ;**
- par des soins et des thérapeutiques de plus en plus agressifs qui peuvent être des sources possibles d'infection.

4 Les facteurs favorisants

La survenue d'une infection nosocomiale est favorisée par la situation médicale du patient qui dépend de :

- **son âge et sa pathologie** : sont particulièrement sensibles les personnes âgées, les personnes immunodéprimées, les nouveau-nés, en particulier les prématurés, les polytraumatisés et les grands brûlés ;
- **certains traitements** (les antibiotiques qui déséquilibrent la flore bactérienne des patients et sélectionnent les bactéries résistantes, les traitements immunosuppresseurs) ;
- **la réalisation d'actes invasifs** nécessaires au traitement du patient : sondage urinaire, pose d'un cathéter, ventilation artificielle ou intervention chirurgicale

Les services les plus touchés sont par ordre décroissant : la réanimation, la chirurgie et la médecine.

5 Les différents types d'infections

Par ordre de fréquence :

- les infections urinaires ;
- les infections survenant lors de chirurgie osseuse ;
- les infections de plaies opératoires superficielles ou profondes ;
- les infections respiratoires (pneumonie) ;
- les infections sur cathéter.

Certaines de ces infections, en particulier les infections pulmonaires et les septicémies, sont graves et peuvent entraîner la mort.

6 La résistance bactérienne

Trois bactéries représentent plus de la moitié des infections :

- *Escherichia coli*, le plus fréquent (1/4 des infections) et responsable de nombreuses infections urinaires et de septicémies ;

- *Staphylococcus aureus* (staphylocoque doré), souvent impliqué dans les infections des cicatrices opératoires ;
- *Pseudomonas aeruginosa*, responsable d'infections pulmonaires en réanimation.

IMPORTANT

Ces bactéries, qui présentent souvent des résistances aux traitements, obligent à changer d'antibiotique et retardent la guérison.
De manière exceptionnelle, il existe des souches résistantes à tous les antibiotiques.

7 Les réseaux de surveillance

Il existe une traçabilité du respect des normes d'hygiène et de bonne conduite en matière de lutte contre les infections nosocomiales.

Les enquêtes d'incidence consistent à étudier, au fur et à mesure de leur survenue, tous les nouveaux cas d'infections et permettent une mesure précise du risque de contracter une infection pour un patient admis à l'hôpital.

A| Au niveau national

- Le RAISIN (Réseau d'alerte, d'investigation et de surveillance des infections nosocomiales) coordonne l'alerte et la surveillance des infections.
- Le CTIN (Comité technique national des infections nosocomiales) est une instance de proposition, de coordination et d'évaluation, constituée d'experts hospitaliers.

B| Au niveau régional

Cinq CCLIN (centres de coordination de la lutte contre les infections nosocomiales) sont chargés de mettre en œuvre le plan et de le relayer auprès des établissements de santé.

C| Au niveau des centres hospitaliers

» Les CLIN et des EOHH (équipes opérationnelles en hygiène hospitalière) composées de professionnels de la prévention, médicaux et non médicaux : médecin ou pharmacien hygiéniste, infirmier hygiéniste et, parfois, de techniciens biohygiénistes sont chargés de mettre en œuvre les actions de prévention, de surveillance, de signalement, d'évaluation et de formation dans l'établissement.

» Les établissements de santé doivent :
- signaler les infections nosocomiales à l'ARS (agence régionale de santé) et au CCLIN dont ils dépendent. L'ARS transmet ensuite le signalement à l'Institut de veille sanitaire (InVS) pour une analyse nationale des cas ;

– obligatoirement publier tous les ans, leurs scores pour cinq indicateurs reflétant leur niveau d'engagement.

Depuis 1996, des enquêtes nationales de prévalence (ENP) sont réalisées tous les 5 ans. La dernière date de 2017, a été publiée en 2018 et Santé publique France s'est vu confier le pilotage des missions des centres d'appui pour la prévention des infections liées aux soins (CPias).

8 Les chiffres-clés

- 750 000 infections par an et 4 000 décès.
- Environ 5 % des personnes hospitalisées auront une infection nosocomiale (1 patient sur 20 est concerné) :
  - 30 % dans un service comme la réanimation ; 16 % après une chirurgie (en hausse) ;
  - 15 fois plus d'infections chez les patients hospitalisés entre 30 et 89 jours ;
  - 10 % chez les + 65 ans.
- Fréquence des infections :
  - infections urinaires : 30 % ;
  - infections de la peau, des voies respiratoires supérieures (29 %) ;
  - infections pulmonaires (17 %) ;
  - infections de la zone opérée (14 %) ;
  - bactériémies, septicémies à la suite de pose de cathéters (10 %).

9 Les actions gouvernementales

- Le 19 novembre 1972, des mesures sont adaptées par le Comité des ministres du Conseil de l'Europe pour l'hygiène hospitalière : création des réseaux de surveillance.
- L'arrêté du 7 janvier 1993 relatif au secteur opératoire pour les structures pratiquant l'anesthésie ou la chirurgie ambulatoire évoque « une hygiène spécifique et adaptée » pour limiter les risques de nature notamment infectieuse.
- Le décret du 6 septembre 1995 dit que le médecin doit « veiller à la stérilisation et à la décontamination des dispositifs médicaux qu'il utilise et à l'élimination des déchets médicaux selon les procédures réglementaires ».
- La loi n° 98-535 du 1er juillet 1998 oblige les établissements de santé à organiser en leur sein la lutte contre les infections nosocomiales.
- La loi du 4 mars 2002 prévoit la possibilité pour les victimes d'engager la responsabilité de l'établissement de santé et d'obtenir une indemnisation.
- En 2022, Santé publique France lance une enquête nationale de prévalence des infections nosocomiales et des traitements anti-infectieux dans les établissements de santé afin d'en mesurer la prévalence en France et d'en renforcer la prévention.

» Le ministère des Solidarités et de la Santé présente la Stratégie nationale 2022-2025 de Prévention des Infections et de l'Antibiorésistance : 42 actions pour se donner les moyens de répondre aux enjeux prioritaires de santé publique en santé humaine dans les 4 ans qui viennent.

info
Prévention des infections
foucherconnect.fr/22admissionas23

10 Les traitements et la prévention

A| Le traitement

Des équipes de chercheurs tentent d'éliminer les germes résistants, de moduler leur virulence et d'inactiver leurs toxines. D'autres travaillent sur la restauration de la flore intestinale, pour contrôler les infections intestinales.

Dans certains cas, il sera nécessaire de réopérer les patients, pour drainer un abcès post-opératoire, changer une prothèse orthopédique mise en place...

B| La prévention

Les infections nosocomiales ne peuvent pas être totalement évitées, mais le risque peut être diminué par un strict respect des **règles d'hygiène** :

1. Tous les publics présents à l'hôpital doivent observer des mesures de précaution :
- les visiteurs doivent se laver les mains avant et après la visite du malade ;
- les patients doivent respecter les consignes de préparation chirurgicale (douche antiseptique, dépilation de la zone à opérer...).

2. Les personnels disposent de guides de recommandations et de bonnes pratiques élaborés par différents organismes (ministère de la Santé, centres de coordination de lutte contre les infections nosocomiales) qui demandent :
- d'appliquer des mesures d'hygiène rigoureuses : hygiène des mains, utilisation des solutions hydroalcooliques ;
- de fixer des protocoles de soins pour les différents gestes de soins médicaux et paramédicaux ;
- d'utiliser du matériel médical stérile ou à usage unique ou d'appliquer les bonnes pratiques de désinfection du matériel ;
- de détecter et gérer les situations à risque : isolement en chambre individuelle, port de surblouses lors des visites médicales ou de la famille pour des patients porteurs de germes multi-résistants ;
- d'encadrer la prescription d'antibiotiques.

FAITES LE POINT !

Exercice — Testez vos connaissances !

1. Quelle est la différence entre sida et infection par le VIH ?

❑ A. Aucune, c'est la même chose.
❑ B. Le sida est la maladie déclarée ; l'infection au VIH est la séropositivité.
❑ C. Ils empêchent tous les deux une activité professionnelle.

2. Le traitement du sida, c'est le vaccin.

❑ A. Vrai.
❑ B. Faux.

3. Être illettré, c'est n'avoir jamais été à l'école.

❑ A. Vrai.
❑ B. Faux.

4. L'illettrisme :

❑ A. peut empêcher de trouver un emploi.
❑ B. ne se retrouve que dans les quartiers défavorisés.
❑ C. touche surtout les personnes de plus de 50 ans.

5. Qu'est-ce qu'un suicidant ?

❑ A. Une personne qui a fait plusieurs tentatives de suicide.
❑ B. Une personne qui s'est donné la mort.
❑ C. Une personne qui a des pensées suicidaires.

6. Les tentatives de suicide sont plus nombreuses chez les filles.

❑ A. Vrai.
❑ B. Faux.

7. Que comprend la politique de santé publique ?

❑ A. La lutte contre les épidémies.
❑ B. La nomination des directeurs d'hôpital.
❑ C. L'éducation à la santé des populations.

8. L'Institut national du cancer fait partie des institutions du système de santé.

❑ A. Vrai.
❑ B. Faux.

9. Chez le jeune enfant obèse, la priorité est la perte de poids.

❑ A. Vrai.
❑ B. Faux.

10. Que signifie IMC ?

❑ A. Indice de masse graisseuse.
❑ B. Indice de masse corporelle.
❑ C. Indice de mobilité corporelle.

11. La boulimie s'appelle également compulsion alimentaire.

❑ A. Vrai.
❑ B. Faux.

12. La potomanie est un signe d'anorexie.

❑ A. Vrai.
❑ B. Faux.

13. Le cancer représente :

❑ A. la première cause de mortalité en France.
❑ B. la deuxième cause de mortalité en France.

14. Un cancer qui se dissémine sur un autre organe déclenche un cancer de cet autre organe.

❑ A. Vrai.
❑ B. Faux.

15. L'AVC est une urgence médicale qui doit être traitée :

❑ A. dans l'heure qui suit son apparition.
❑ B. dans les 4 premières heures.
❑ C. dans les 24 heures.

16. Quels sont les signes de l'AVC ?

❑ A. Une déformation de la bouche.
❑ B. Une perte de connaissance.
❑ C. Une hémiplégie.
❑ D. Une faiblesse d'un côté du corps.

17. Quels sont les symptômes de la maladie d'Alzheimer ?

❑ A. Des troubles de la mémoire.
❑ B. Des troubles de la marche.
❑ C. Des troubles de la vision.
❑ D. Des troubles du langage.

18. En 2040, on prévoit 11 millions de personnes âgées de plus de 75 ans et :

❑ A. 1 million de personnes atteintes de la maladie d'Alzheimer.
❑ B. 2 millions de personnes atteintes de la maladie d'Alzheimer.

19. Qu'est-ce que l'alcool ?

❑ A. De l'alcool éthylique.
❑ B. De l'éthanol.

20. Quels sont les risques de la consommation d'alcool chez les jeunes ?

❑ A. Dépendance future à l'alcool.
❑ B. Diminution des capacités d'apprentissage.
❑ C. Diminution des capacités de mémorisation.

21. En France, le don d'organes repose sur :

❑ A. le consentement présumé.
❑ B. l'acceptation signée des membres de la famille.

22. Tout individu peut faire un don de son vivant pour la personne de son choix.

❑ A. Vrai.
❑ B. Faux.

23. Comment s'appelle la psychose maniaco-dépressive ?

❑ A. Les troubles bipolaires.
❑ B. La schizophrénie.
❑ C. Le trouble obsessionnel-compulsif.

24. La dépression majeure :

❑ A. affecte la mémoire et le jugement.
❑ B. affecte l'appétit et le sommeil.

25. Les accidents de la vie courante (AcVC) regroupent :

❑ A. les accidents du travail.
❑ B. les accidents domestiques.
❑ C. les accidents de la circulation.
❑ D. les accidents de vacances.

26. Les chutes représentent la moitié des accidents domestiques.

❑ A. Vrai.
❑ B. Faux.

27. L'euthanasie est dite active lorsque :

❑ A. la mort est due à l'administration directe d'un produit.
❑ B. la mort est provoquée par l'arrêt des soins et des traitements.

28. Quelles sont les formes de maltraitance ?

❑ A. Les violences physiques.
❑ B. Les violences sexuelles.
❑ C. Les violences psychologiques.
❑ D. Les négligences lourdes.

29. Les enfants maltraités deviendront presque systématiquement des parents maltraitants.

- ❑ A. Vrai.
- ❑ B. Faux.

30. Une infection nosocomiale peut survenir en l'absence de soin.

- ❑ A. Vrai.
- ❑ B. Faux.

31. Les actes ayant le plus de risques de provoquer une infection liée aux soins sont :

- ❑ A. les sondages vésicaux.
- ❑ B. les poses de cathéter.
- ❑ C. les soins d'hygiène.

32. La cause majeure de transmission de germes est le manque d'hygiène au sein du personnel hospitalier.

- ❑ A. Vrai.
- ❑ B. Faux.

CORRIGÉS

1. B.

2. B. Le vaccin est une prévention.

3. B. Il ne faut pas confondre illettrisme et analphabétisme.

4. C.

5. A.

6. A. C'est le suicide accompli qui est plus fréquent chez les garçons.

7. A et C.

8. A.

9. B. La priorité est le ralentissement de la progression de la courbe.

10. B.

11. B. Ce sont 2 comportements différents.

12. A. C'est l'absorption de plus de 3 litres de liquide par jour.

13. A.

14. B. Non, un cancer de l'estomac qui envoie des métastases dans le foie ne se transforme pas en cancer du foie. C'est le cancer de l'estomac qui se dissémine.

15. B.

16. A et D.

17. A et D.

18. B.

19. A et B.

20. A, B et C.

21. A.

22. B. Le don ne peut se faire que d'une personne majeure vers une personne appartenant à sa famille élargie, dans un but thérapeutique.

23. A.

24. A et B.

25. B et D.

26. B. Elles en représentent les 3/4 et la moitié des décès.

27. A.

28. A, B, C et D.

29. B. Faux, seuls 20 % risquent de le devenir.

30. A.

31. A et B.

32. A.

PAPIER À BASE DE FIBRES CERTIFIÉES

FOUCHER s'engage pour l'environnement en réduisant l'empreinte carbone de ses livres. Celle de cet exemplaire est de : 750 g éq. CO_2
Rendez-vous sur www.editions-foucher-durable.fr

Mise en page : STDI

Editions Foucher - Paris - SG/SM - Dépôt légal : 16801-9/01 - juin 2022

Imprimé en France par Dupliprint - N° 2974014H

Les besoins fondamentaux de l'homme : la pyramide de Maslow

Les 14 besoins fondamentaux de l'homme selon Virginia Henderson

- Respirer
- Boire et manger
- Éliminer
- Se mouvoir, maintenir une bonne posture
- Dormir et se reposer
- Se vêtir ou se dévêtir
- Maintenir sa température
- Être propre et protéger ses téguments
- Éviter les dangers
- Communiquer avec ses semblables
- Agir selon ses croyances ou ses valeurs
- S'occuper en vue de se réaliser
- Se recréer
- Apprendre

L'action du gouvernement pour la santé de tous

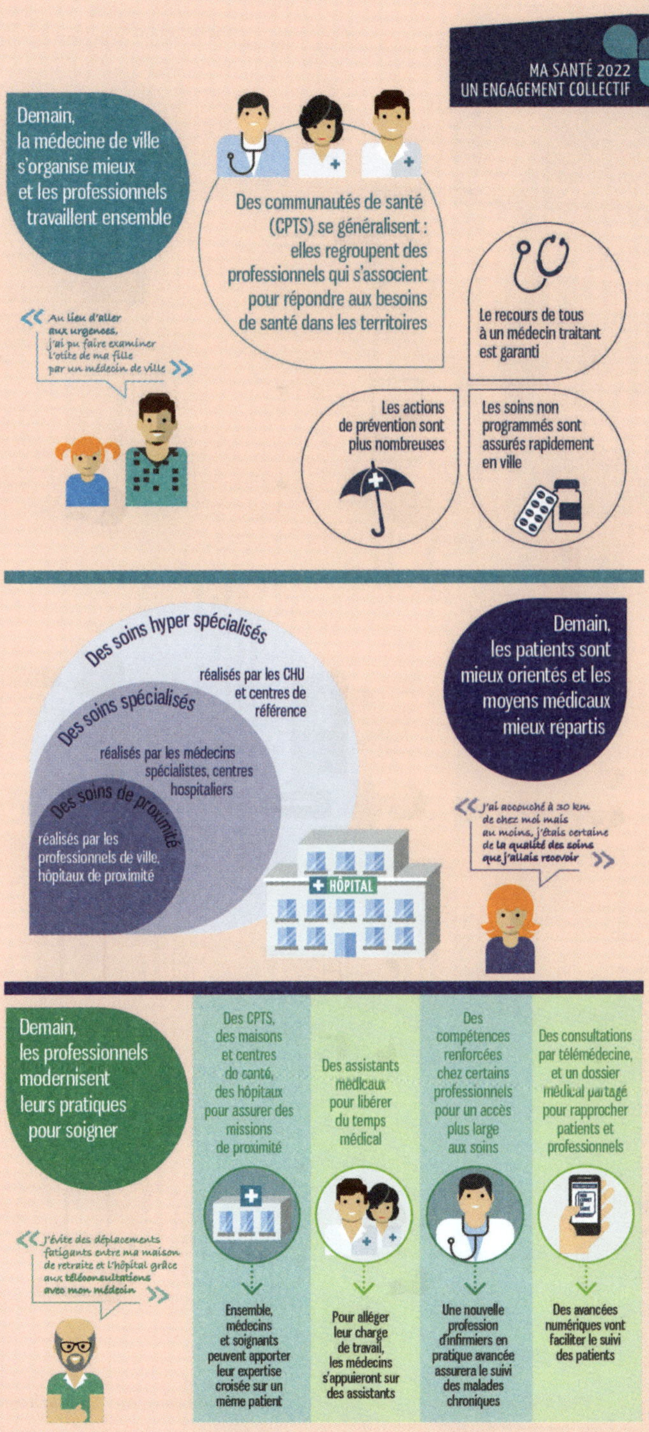

Vous avez dit télémédecine ?

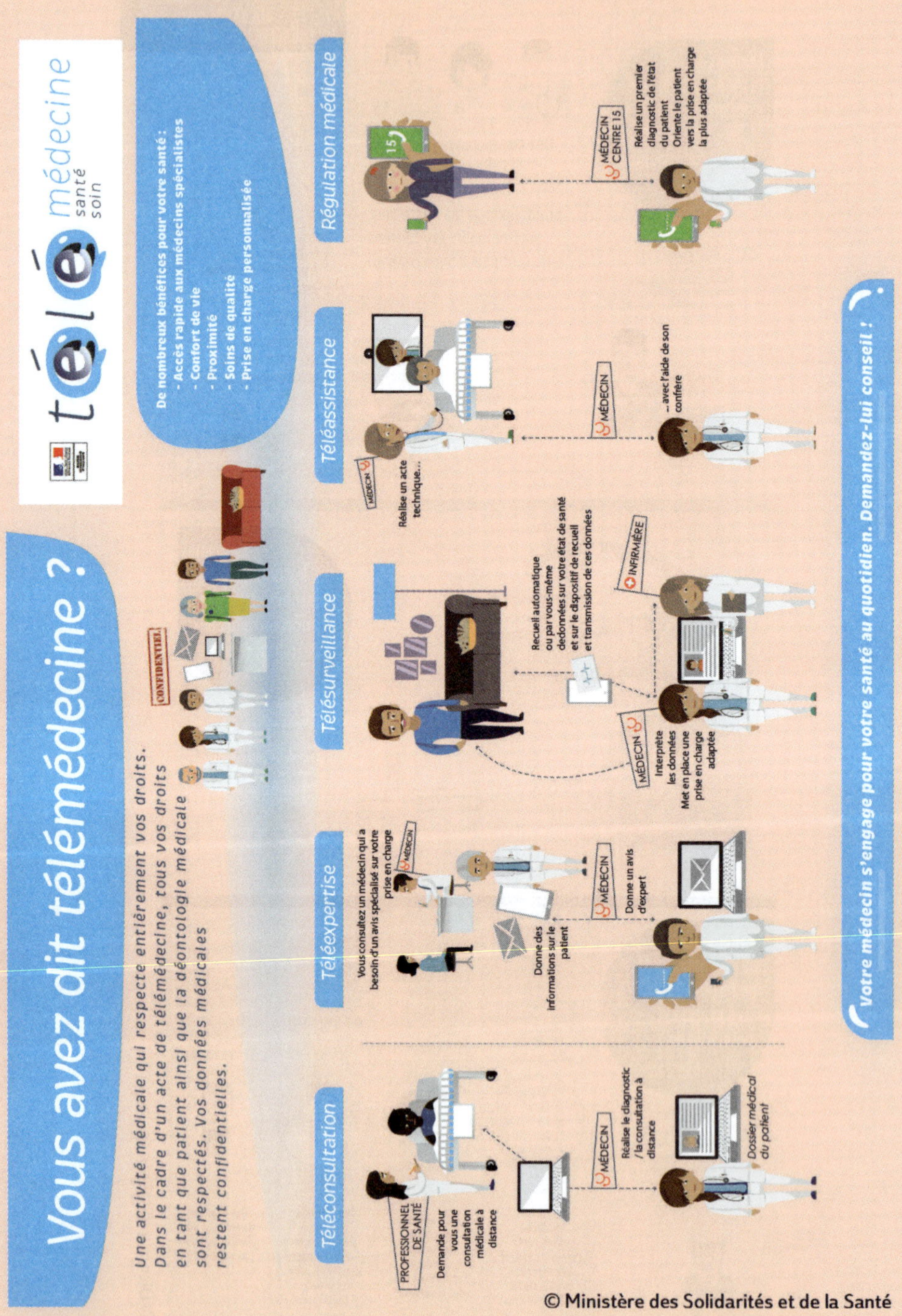

Le chômage en France selon l'âge

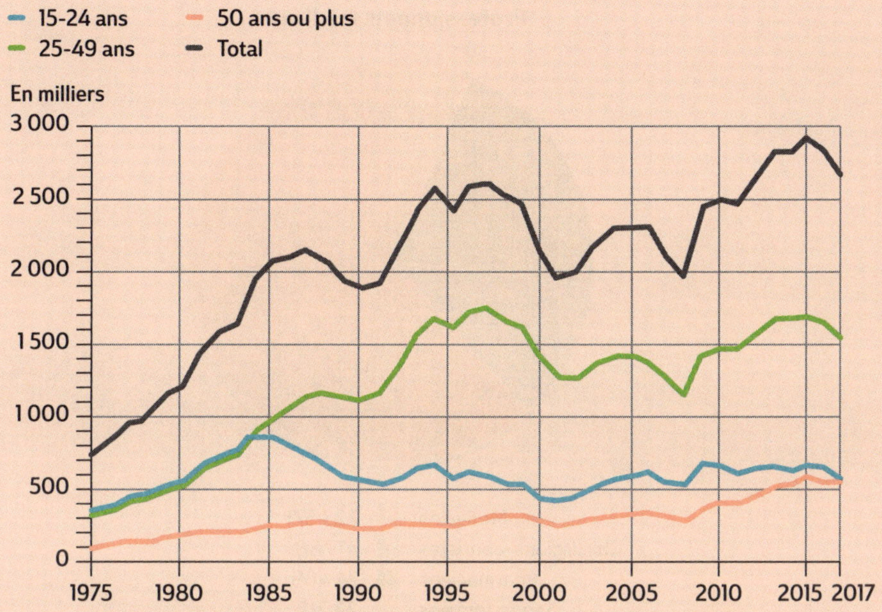

Lecture : en 2017, 620 000 personnes âgées de 15 à 24 ans sont au chômage.

Champ : France métropolitaine, population des ménages, personnes actives de 15 ans ou plus.

Source : Insee, enquêtes Emploi.

Les professionnels de santé

Professionnels médicaux

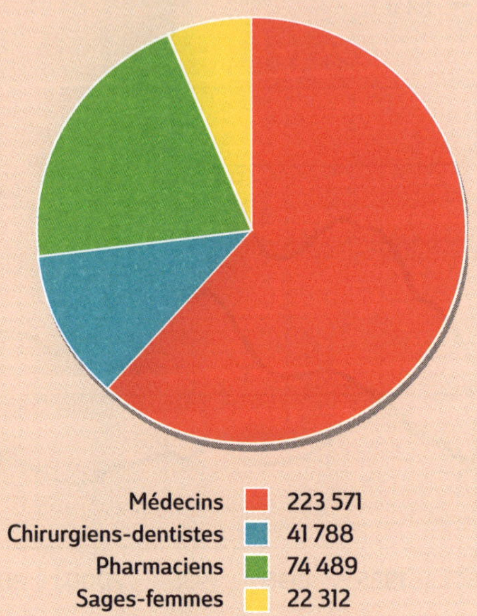

Professionnels paramédicaux

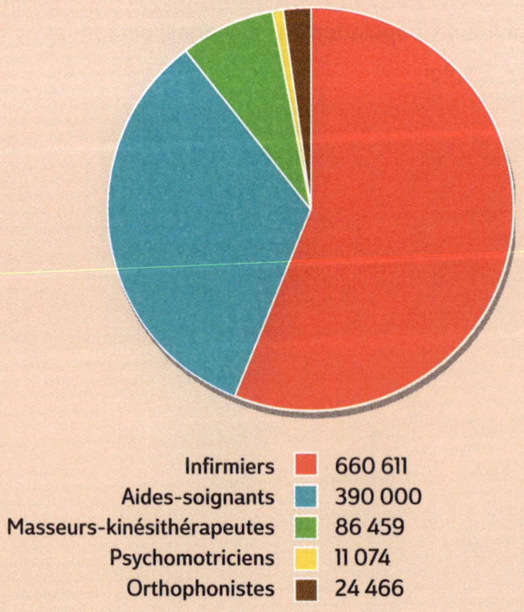

Source : DREES 2016

Bientraitance et qualité des soins

La bientraitance dans le soin

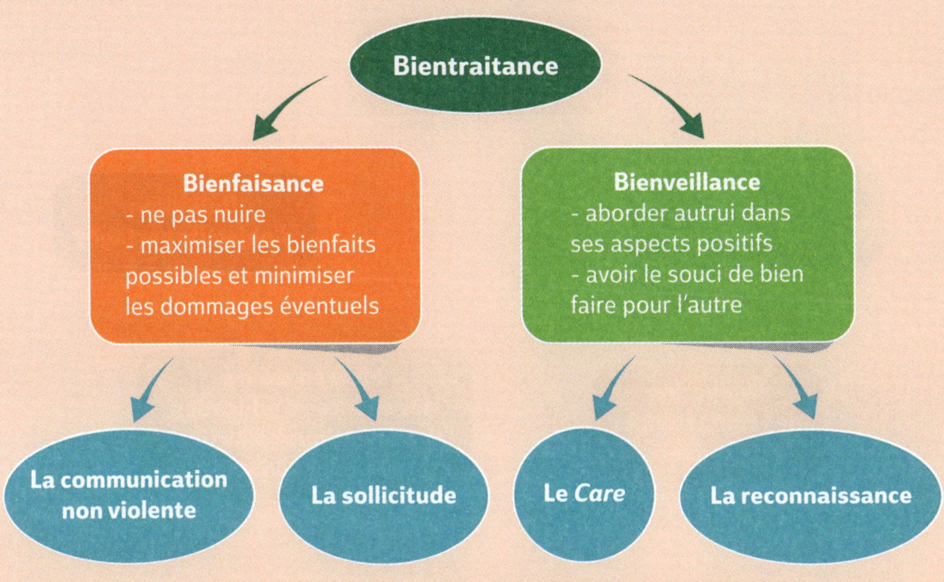

La qualité des soins

Santé publique : l'éducation thérapeutique du patient

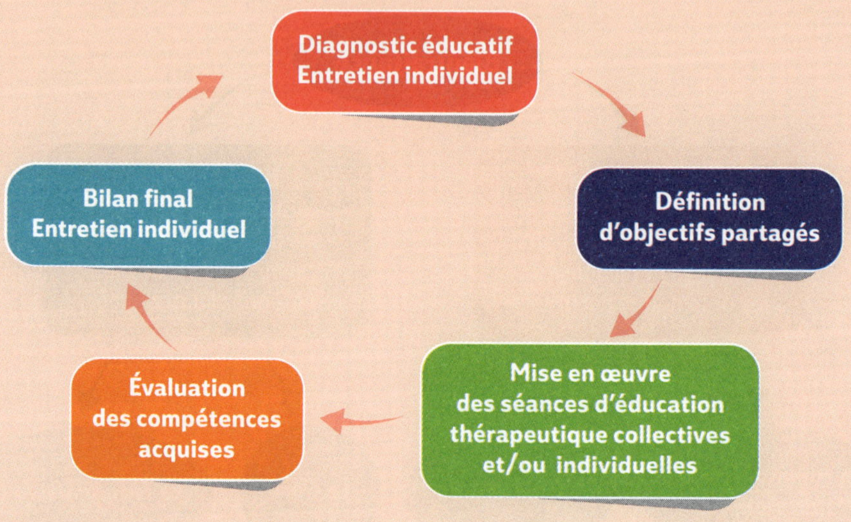

L'éducation thérapeutique du patient (ETP) vise à aider les patients à gérer au mieux leur vie avec une maladie chronique. Elle est un processus continu, qui fait partie intégrante et de façon permanente de la prise en charge du patient.

Source : Haute Autorité de Santé

Les accidents de la vie courante (AcVC)

Les chiffres clés

- 1 personne sur 5 est victime d'un accident de la vie courante
- 50 % des accidents se produisent à la maison
- 11 millions d'AcVC par an
- 20 000 morts par an
- 3e cause de mortalité
- 12 % des hospitalisations
- 10 % des dépenses de santé

Les 6 risques principaux

Intoxications
plus de 1 300 morts par an dont 1 000 d'origine médicamenteuse

Incendies
800 décès par an dans 75 000 incendies domestiques

Suffocation
3 000 décès par an aux 2/3 chez les + de 75 ans

Chutes
1re cause de mortalité : 9 400 morts par an. Plus de 60 % des AcVC en-dessous de 10 ans et 90 % après 75 ans

Accidents de sports et loisirs
1 500 000 accidents par an à l'origine de 500 morts par an

Noyades
Près de 500 morts par an

Source : Enquête permanente sur les accidents de la vie courante – InVS

Les auteurs présumés de maltraitances sur les enfants

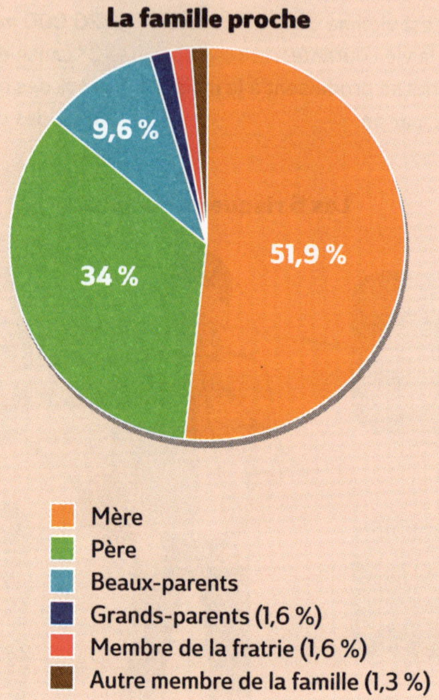

Source : SNATED, 2016

Les cancers en France

400 000 nouveaux cas
150 000 décès

214 000 nouveaux cas chez l'homme dont

Poumon
32 260 cas
20 815 décès

Côlon-rectum
24 035 cas
9 294 décès

Prostate
59 000 cas
8 207 décès

186 000 nouveaux cas chez la femme dont

Sein
58 968 cas
11 883 décès

Poumon
16 849 cas
10 176 décès

Côlon-rectum
20 837 cas
8 390 décès

Source : Institut national du cancer, 2017

Sida et VIH en France

153 000 personnes
vivent avec le VIH

6 000 nouvelles découvertes de séropositivité en une année
– **dont 43 %** d'homosexuels
– **dont 38 %** d'hétérosexuels nés à l'étranger
– **dont 16 %** d'hétérosexuels nés en France

5,2 millions
tests de dépistage du VIH réalisés

25 000 personnes
seraient porteuses du virus sans le savoir

Source : Ministère de la Santé, Inserm, InVS, 2016

Les addictions en France

Tabac

14 millions d'usagers réguliers

32 % des adolescents de 17 ans et 29 % des adultes de 18 à 75 ans sont des fumeurs quotidiens

Alcool

9 millions d'usagers réguliers

3,4 millions de consommateurs adultes « à risque ». Ivresse répétée pour 22 % des jeunes de 17 ans. 9 % des adultes boivent entre 3 et 7 verres par jour

Cannabis

1,4 million d'usagers réguliers

48 % des jeunes de 17 ans l'ont expérimenté et 9 % sont des fumeurs réguliers
42 % des adultes l'ont expérimenté et 11 % sont des fumeurs réguliers

Héroïne

600 000 expérimentateurs

1 % des jeunes de 17 ans l'ont expérimentée, contre 1,5 % des adultes

Cocaïne

450 000 usagers dans l'année

3,2 % des jeunes l'ont expérimentée, contre 5,6 % des adultes

Source : Observatoire français des drogues et des toxicomanies, 2017

L'obésité en France

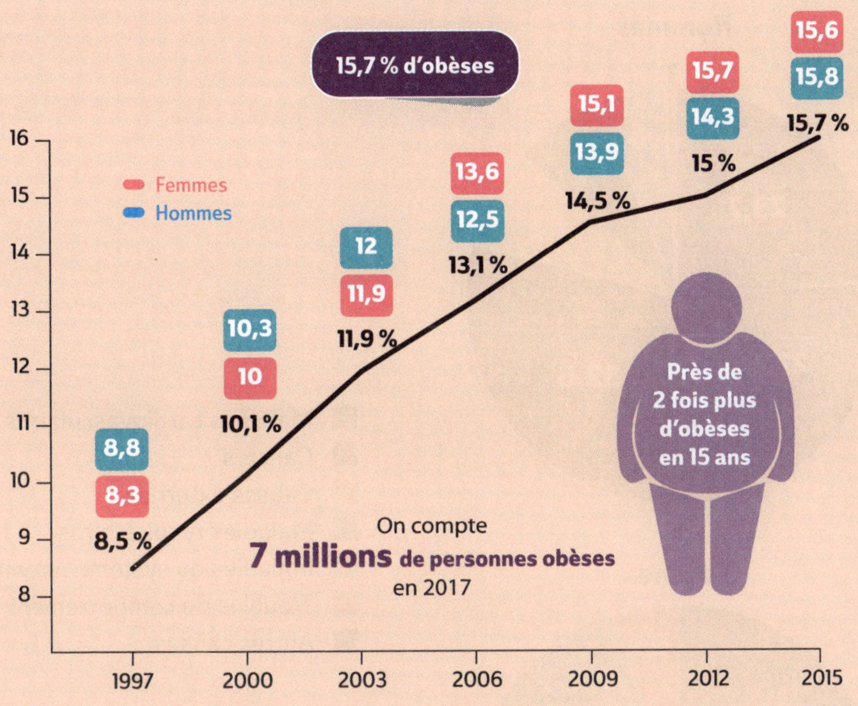

Source : Enquête ObÉpi (Inserm-Roche) et InVS

Les principales causes de décès en France

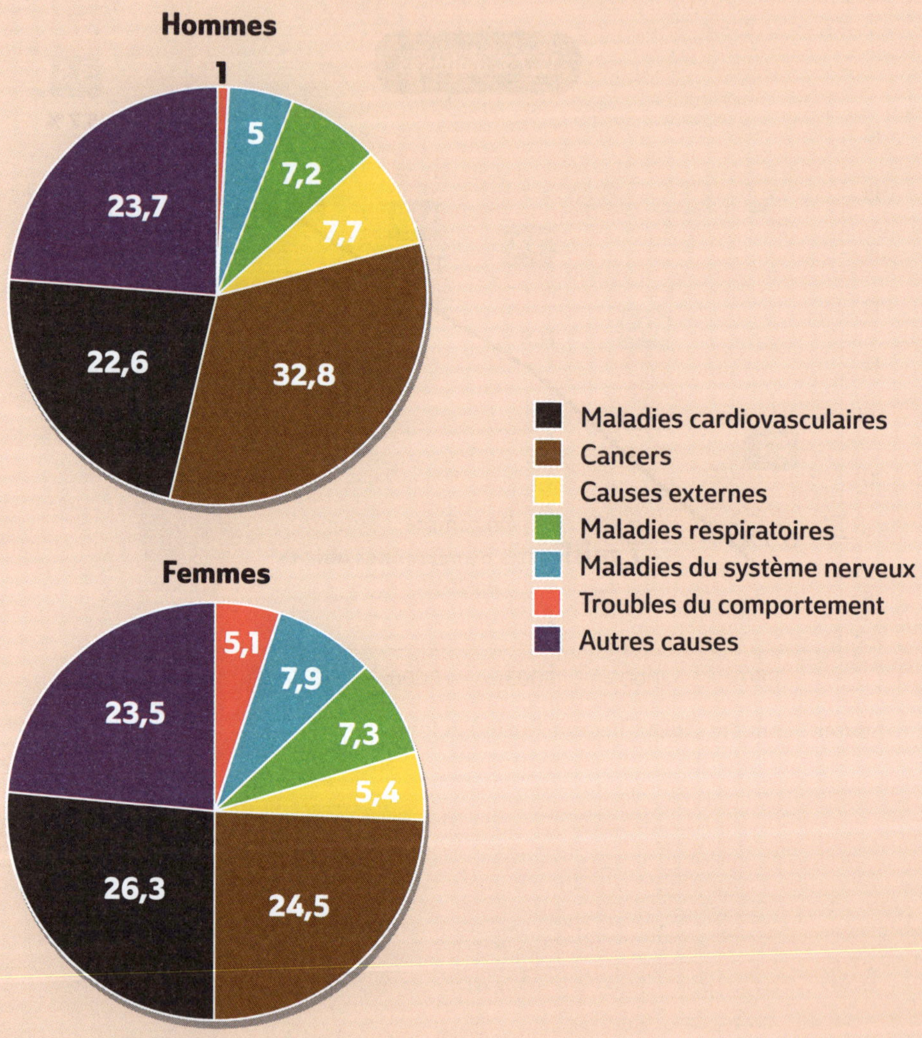

Source : Insee, 2015

Le suicide en France

200 000 tentatives de suicide par an
25 décès par jour, soit environ 9 000 décès par an

3 suicides sur 4 concernent les hommes…

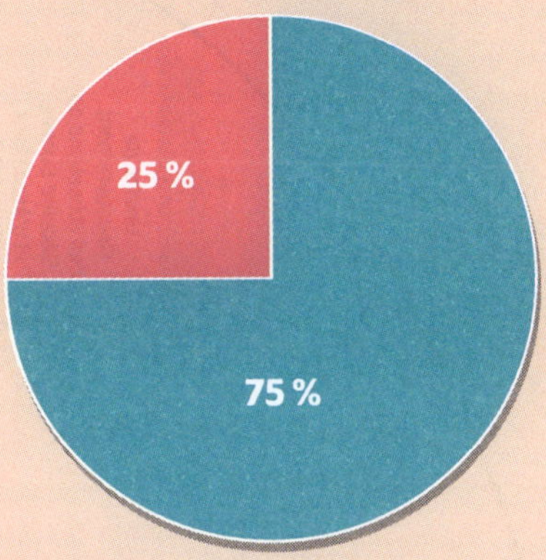

… mais davantage de femmes déclarent avoir pensé à se suicider

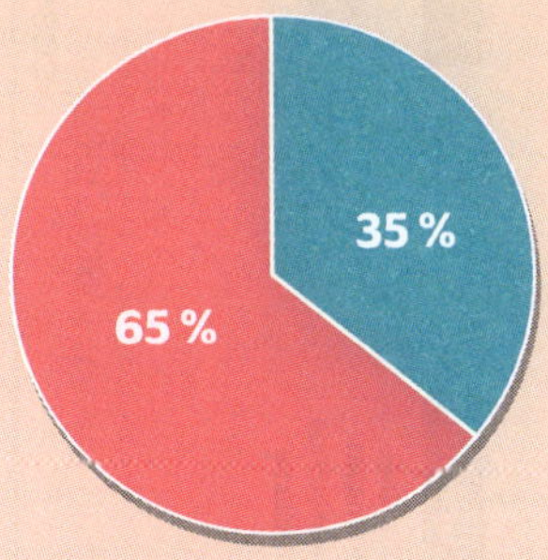

Au moins une tentative de suicide au cours de la vie

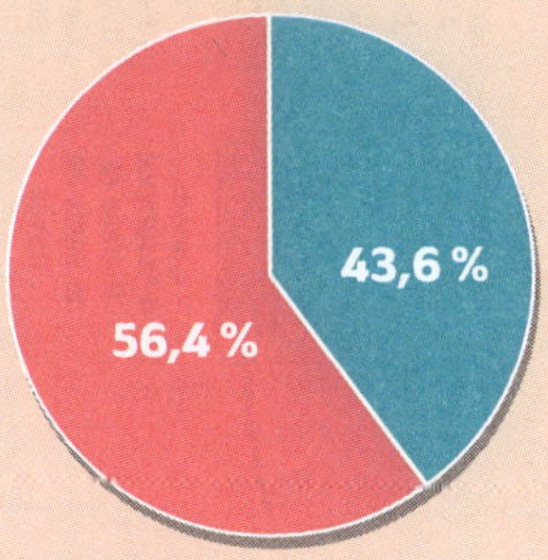

Pensées suicidaires sur les 12 derniers mois

Femmes
Hommes

Source : Observatoire national du suicide, 2014 et 2016

Mémo du candidat

La protection sociale : la Sécurité sociale

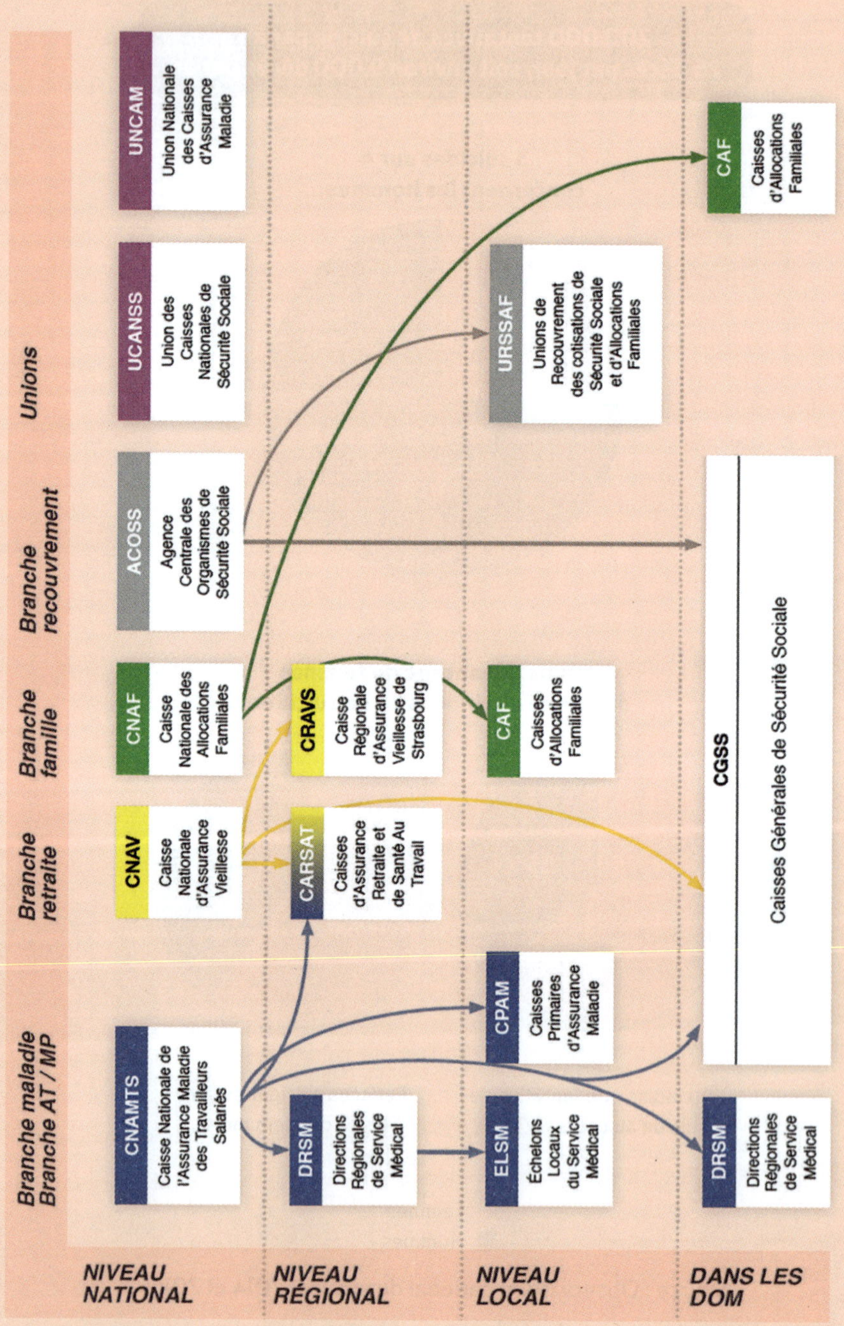